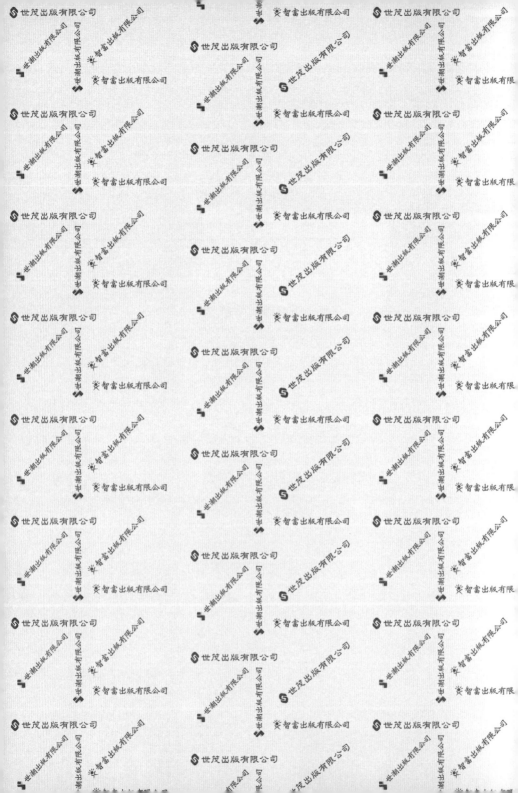

讀書的價值

読書の価値

《全部成為F》人氣推理小說家 森博嗣 著

楊鈺儀 譯

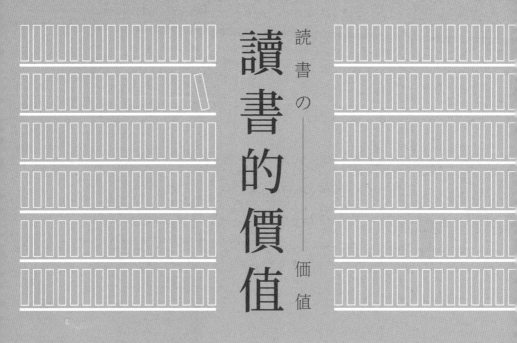

前言
我無法流暢書寫文字

我自小就是不喜歡讀書的小孩。上小學前，對繪本什麼的完全沒興趣，文字書當然更是如此，因為我覺得圖畫與現實實在相差甚遠。總之就是覺得立體的東西全被壓扁、實際上會動的東西也全都靜止，所以完全不有趣。

和圖畫一樣，文字也是靜止不動的。一般的語言是發自嘴巴的聲音，其他的聲音就只是一般的聲音。雖是將聲音轉換成了文字，卻不一定能維持原貌。我認為，說話的聲音或許還可以說很接近文字，但其他一般聲音卻無法表現為文字。亦即我認為，要用文字表現現實是不可能的。

幼稚園時，年幼的我在黑板上寫了「富士3」（富士山），老師看到了，後來家庭訪問時將這件事告訴了母親。我在桌下聽到了老師說的話，但老師一直到最後都沒有告訴我那樣的寫法錯在哪裡。

其他還有像是，我會把「ほ」這個日文平假名的右邊寫得像「ま」一樣上面凸出，這也被說是寫錯了，但卻沒有對我說明為什麼錯。就算上面凸出，也不會變成其他字，應該是能通的，就和「富士3」一樣。

我對文字的理解是「傳達語言的工具」，所以認為只要看得懂就好。因人而異，文字的形狀也形形色色，很多大人寫的字都潦草得看不懂。與之相比，我寫的字應該更加端正好讀。我覺得很奇怪，到底為什麼不可以呢？但大人們從未回答我這個問題。

當然，我馬上就自己發現、理解了原因。之所以特別分出「ま」「ほ」不同處，意義在於避免橫書時誤讀。此外，之所以會有「3」與「山」的存在，也是因為有個別不同的意義（數字或漢字），而非只是文字的發音。

這也就是說，漢字本就是象形文字，與其說是文字其實更接近圖畫。擁有意義的漢字，就歷史上來說就是從圖畫發展而來。我覺得很奇怪，為什麼大人不跟我說明這些呢？我是在偶然間看到幼稚園裡的百科全書才得知這個知識。雖然我讀不懂大半的字，但書中有很多圖畫，打開瀏覽，就會看到上頭畫著漢字從圖畫變形而來的模樣。

我想著，是幼稚園的老師不知道這件事嗎？因而拿著那頁去給老師看，但老師告訴我他是知道的。可是或許，單只是知道漢字是從圖畫變化而來這件事，並不代表知道漢字是有意義的。當時我還不知道「意義」這個詞，無法好好說明自己的想法。我只記得這樣。

以前討厭讀書的理由

不過，我之所以不喜歡讀書、讀繪本，其實跟眼睛有關。我有遠視，但當時我不知道。視力檢查時，我能看到最小的文字，所以被診斷為視力很好。我進入保健室前，在走廊就能看到視力檢查表最底下的文字與記號。在兩倍距離遠的位置也能看到二・〇的小字。這樣的視力似乎是四・〇。可是，我沒有接受過這種測量。

書上的圖畫與文字，就算我伸長了手臂，徹底把書拿遠離自己，也對不到焦。我一直看著，努力要把焦點集中在一處上，才終於勉強能看到。所以我不是不能讀，只是光對焦就很花時間。

這樣的情況日後仍持續著，直到我成為大學生，也幾乎沒變過。雖然一直盯著字看、對焦，但只要稍微移開眼，就會不知道自己讀到哪裡。也就是說，我對的焦幾乎只在一個字上，前後都是模糊不清、無法閱讀的。因為只能一個字一個字地讀一本書，所以無法很快讀完。

正因為這樣，我將文字轉換為聲音的大腦機能才和一般人的發育不同吧。若把書拿離兩公尺遠，我可以看到文章的一部分，但依舊無法順暢閱讀。所以從小，我就是個非常不喜歡讀書的孩子。

小學時，我最不擅長的科目，或者說是最討厭的課程就是國語。被國語老師點到名就一定要站起來拿著課本唸課文。我若是想把課本放桌上，站離桌子稍遠一點的地方唸，就會被老師罵。課本一定要自己手拿，但我的手臂卻沒有長到可以讓眼睛對到焦。

大家都能流暢地唸課本，我卻做不到，這令我非常痛苦。即便如此，一年級的課本還是勉強撐過了。因為文章短又簡單，只要前一天在家先預習，全背起來就好。只要裝做在閱讀的樣子，背誦起來就好，所以暫且就這樣。可是一旦文章漸漸增長，我會不小心跳過一行，或是背誦到其他篇文章，結果就會被老師罵：「你在唸哪裡？」

現今想來，當時只要戴眼鏡就好了，戴遠視眼鏡。察覺到這點是很最近的事。我成了作家，閱讀校樣（排版樣張）的時候，暫且經歷了一番惡戰苦鬥。總之我是個閱讀校樣速度很慢的作家，所以拜託編輯，幫我排定比一般要多幾倍的期限。明明是自己寫的東西，完整讀完一遍，卻要花上一整個星期的時間，而且也只讀過一遍。

但是，最近（因為年紀大了）試著戴老花眼鏡後，竟然全都能清楚看見，在頗大範圍中能對焦了。我第一次知道，原來，大家眼中所見是這樣的啊。這應該是我五十三歲左右的事。

我在大學有分配到研究室，所以這個無法對焦的不利之處稍微有些改善。因為不用看書，只要看著電腦螢幕上的文字，敲打鍵盤，就能工作。我可以把螢幕放離我一公尺以上，只要手能碰到鍵盤就好，所以可以調整成自己想要的姿勢。

當然，需要閱讀書籍與文件的機會還是很多，但我無法在人前邊看邊唸出來。可是用自己的步調，在獨自一人時就可以慢慢閱讀。所以我一直在用自我流的閱讀法接觸書本。

接觸到「人類知識」的體驗

眼睛的話題先暫放一邊。我最能感覺到書的厲害之處，是在小學的時候。那時候的我很瞧不起書。除了課本，學校指定的閱讀書籍等書也全都很無聊。故事是虛構的，不論裡頭寫些什麼教喻，全都不過是御都合主義*。若是為了要告訴大家主旨是什麼，恐怕應該只要三行左右的簡潔文章就可以，那樣就已經很夠了。我認為，後面添加的故事全都是這世上不會有的謊言，也未免太無聊了。

偶爾我也會讀些紀實性的故事，但有很多部分我都會懷疑，那是真的嗎？也就是說，像是對話或是畫在其中的畫等，並非實際被記錄、拍攝下來，只是寫書的人依想像而說的。即便是孩子也知道這種事。閱讀時雖會投入感情而流淚，但只要抽離那個世界，冷靜思考一下就會發現，前後有矛盾。為什麼會做出這樣的觀察呢？有誰在看著嗎？這些部分只會讓人覺得很奇怪。

不過，若是作者本人所寫，也就是所謂的自傳，我則認為有閱讀的價值。小學四年級閱讀崛江謙一所寫的《孤獨横斷太平洋》（太平洋ひとりぽっち）時，我就這麼覺得。那時雖是指定閱讀書，但我第一次覺得，讀到這本書真是太好了。順帶一提，我寫了這本書的讀後感後，在學校被選為第一名，還被送去參加校外比賽（我沒聽聞結果，所以大概是落選了吧）。

多話地說一句，我以前最討厭作文了。當時的讀後感是我想著「那樣寫的話老師會很高興吧」而寫的，所以如我所料時感到很有趣。我就是這麼乖戾的少年。

而小學生時最令我感動的一本書就是電磁學的書。那本書是我從圖書館借來的，記不得確切的書名與作者名。

我在四年級時，照著書上所畫的電路圖自己做了收音機，但我無法理解所謂電波，具體而言究竟是什麼東西？關於這點，我雖問了周遭的大人與學校老師，但所有人都回答我：「不是很清楚」。大家都知道電波這個東西，但也

＊御都合主義，指虛構作品中不顧敘事規律，強行插入設定或展開情節。

只是知道電波這個名稱而已，沒有人可以回答我具體來說那是什麼？是什麼樣的現象？

我試著去了家附近的電器行，卻仍得不到明確的答案。賣電視跟收音機的店員都不知道。

正好在那時候，我住的地方因成為區而獨立，在鄰近的地方（話雖這麼說也要約兩公里）建造了一間新圖書館。我去了那裡，查找電波的相關書籍。在那之前我當然已經試著在學校圖書館裡找過了，但完全出乎我意料之外，學校圖書館沒有該類書籍的館藏。

就算所有大人都不知道，但我期待著，只要去到大型圖書館，總會有一本說明電波的書吧。於是我在書架上尋找著，結果令我大為震驚。關於電波的書，滿滿排放了書架的一層，我想應該有二十本左右，其中也有不是專寫電波的書。我全瀏覽了一遍，然後選擇了圖最多、適合初學者的一本。我隱約記得，書名是《電磁學入門》（初步の電磁気学），是一本寫給高中生（應該是工業高中的學生吧）閱讀的書。

我不僅讀字讀得慢，加上漢字很多，所以不太讀得懂。即便如此，我仍多次重覆借來讀。我是騎腳踏車去圖書館的，至今仍記得把書放在車頭籃子裡奔馳的光景，因為我就這麼邊看著邊往返圖書館好多次。

書中內容很令人吃驚。總之我覺得，裡面詳細解說有從古至今的各項事物。此外從百年以前就有許多人投身研究，有為數眾多的發現，並從中進行各種應用，製造出成品，而且自己似乎也用得上那些東西。我覺得這點是最厲害的。

我領悟到，只要讀書，就能得到這樣的「人類知識」。這些知識連學校也沒教，大人、老師也不知道。即便如此，世上仍有某人知道，還寫成了書。人類打造出了這樣的機制，這多棒啊。我很感動，人類真是太厲害了。

令小學生的我大受感動的一本書

在那之後，我到處找這類科學領域的書，但很令人吃驚的是，書店中幾乎沒有陳列這類書籍。我的母親沒有買過玩具給我，零用錢也很少，但她會買兩種東西給我——工具與書。若是做東西的工具以及漫畫以外的書，不論是什麼，她幾乎都會無條件買給我，尤其是書。每週都會有像推銷員一類的人來家裡，只要委託那個人就會寄送過來，因此母親曾好幾次委託他代購書籍。

之後我也讀過好幾本電波類相關的書，因此想實際實驗看看，可是這麼一來就必須買電子零件。我試著查了一下，發現費用很貴。那些既不是工具也不是書，所以母親不會買給我。因此我又前往附近的電器行，看著丟在店旁的電視與收音機。我想，要不要試著去問問看可不可以給我這些呢？正好，店員走了出來，於是我下定決心，試著拜託了他。結果他告訴我，那些是要丟掉的東西，想要什麼就拿去吧。

就這樣，我得到了許多電子零件，但卻怎麼都沒有剛好規格的東西。要做無線電通訊機，光只有這些是不夠的。需要大型天線，也得要買符合想做規格的真空管與變壓器。

然而法律上並不允許自由接收電波。收音機是電波的接收器，我以前曾做過。當時我想試做的是發出電波的發信器。可是令我吃驚的是，要發出電波是需要證照的，為此必須要通過國家考試。結果我又讀起了書，認真學習，參加了國家考試。考試會場中都是大人，不過，我及格了，成為了業餘無線技士。

這個證照永久有效，至今我仍持有。

我是瞞著雙親參加考試的，可是最後母親發現了及格通知，並且幫我出了登記的費用。電波監理局打了電話來通知，在我上學期間，母親前往政府機關繳納了登記的費用。

之後經歷了些波折，但我在小學六年級的時候，成功製作出發報電波的裝置。這個實驗大獲成功，距離約五公里（朋友家）處就可以接收。不過，我必須要打電話給接收的朋友，才能確定他到底有沒有接收到。若沒有另一組收發信號的機器，彼此就無法通訊。而且這時候的電波很初步，還無法調變並傳送聲音，是摩斯電碼。

因為這樣，我對電波的關心熱度稍微冷卻了些。上國中後，我突然開始閱讀文學作品。話雖這麼說，我幾乎不看日本文學，專看國外翻譯書。我明明是個認為故事什麼的一點幫助都沒有的理科少年，但為什麼會閱讀文學作品呢？關於這一點，我想在第1章中再說明。

唯有文字才能獲得的東西

我現在是一名作家（或者說是小說家）。成為作家前，我是工學研究者。我在一九九六年以作家身份出道，此前一年才開始寫小說。那是我三十八歲時的事。

進入這個世界後我才知道，所謂的小說家，似乎是要對小說愛不釋手的人，而且絕大多數都要喜歡書。讀者也當然都是有相同興趣的人。特性是從年輕起就喜歡小說或故事，只要沈浸在架空的世界中，就可以完全投入。因此，我應該可以算是極為異例的人才。

我出道了二十幾年，至今出版的書超過三百本。起先我只寫小說（更恰當地說來是因為受到委託才寫），近幾年則多寫隨筆或口袋書尺寸的叢書類書。就我來說，孩提時就覺比起虛構的世界，像這樣描寫現實是比較「坦率」的行為。我之後的閱讀也以紀實性文學占99%，可是為什麼我卻從事了現在這個職業呢？我感到很不可思議。至今，我仍偶爾會納悶不已。

但是無論如何，總之很明確的是，我有很多事都是從書上學來的，這是不爭的事實。雖然有著無法順利閱讀的不利條件，但我還是只讀書。因為想知道的事，唯有追著活字印刷跑才能得到。而讀書對我來說，不知不覺中就成了日常，而且也因為有這樣的輸入體驗，才反過來能獲得從事輸出的工作。這是無可否定的。

近來，我們可以透過網路看到許多他人的推特與日記。所謂的讀書體驗，本來是非常個人的事，如今卻變得有些對外，想對周圍的人訴說，成為能與人對談交流的體驗，可以說能看到許多意見與感想。

因此我也得知，許多被稱為「讀者」的人所接觸的書，感覺上和我的讀書稍微有些不同。

何謂讀書的價值

這次，首次有出版社希望、委託我寫寫「讀書」的主題。這是我完全沒想過要寫的主題。一開始我懷疑這能寫成一本書嗎？但稍微想了一下後，覺得只要寫了就會去思考，而且自己多少也能獲得有趣的思考經驗，所以就順其自然地接受了（不過，從接受委託到出版花費了兩年時間）。

所謂讀書，對人來說是一種什麼樣的體驗呢？還有，要怎麼在人生中活用那樣的行為呢？若寫出這些事，應該就是有價值的吧。說不定，有許多讀書人又或者是作家都已經寫過這類內容的書。但是很抱歉，我至今從未閱讀過此類書籍。我自己雖然有本書是選一百本書並寫評論，但從未接觸過某人選編的叢書。因為我本來就不會照別人的推薦去讀書。

因此本書也是，內容不會是介紹「這本書很有趣喔」。例如我湊巧信手拿來一本很棒又有趣的書，這時候我雖會想告訴大家：「我讀了一本很有趣的書喔」，但我認為，還是不要說出書本的內容、主旨為何、是誰寫的比較好。因為那不過就是具體的資料而已。

我從書本獲得的最大價值在於「我覺得很有趣」這部分。所以若想獲得相同的體驗，就要各位靠自己去找出感動自我的書。因為同一本書不保證能帶給其他人相同的作用。

我這麼想著，所以這本書的內容非常抽象。不過，「讀了一本有趣的書」就是讀書所獲得的「抽象」，也的確是「本質」。

目錄

第2章 自由讀書，選書的方法——

第3章　閱讀文字生活

第4章　輸入與輸出

第5章　讀書的未來

第 1 章

我的讀書生活

如何才能理解文章的意義？

我的雙親都是讀書人。父親年輕時似乎還寫過詩（這是母親告訴我的），小說等名著也幾乎都有讀過，有時也會提到作家的名字與作品名稱。可是他每天在閱讀的，幾乎都是報紙。中年以後，他開始學習油畫，每天都會畫畫。他的職業則是建築設計。

父親這個人幾乎不會干涉孩子的事，他沒有叫我去做過什麼事，也不會說要我去唸書或是更努力些。他唯一只跟我說過一件事，就是長大成人後要自力更生，這意思就是，還是孩子時他雖會給我援助，但長大成人後就不會了。

另一方面，母親的興趣是短歌，會去參加同人誌，也會製作個人誌。她會讀古典文學，基本上總是攤開很厚的辭典。那是為了要查詢短歌的詞語吧。母親這個人很熱心教育，會買參考書以及試題本給我。有時她會把那些放在桌上。她就是會用這種方式給我壓力的人。

父母兩人都很擔心我討厭讀書，雖不曾叫我去讀書，但卻會貌似不經意地自言自語般呢喃：「這本書真有趣」。而且會在我房間的書架上擺放像是世界名著全集一類的書。我完全沒想讀，所以沒從書架上取出來過。他們應該確實期望著兒子能感些興趣吧。

我很喜歡製作東西，因此只讀相關書籍。我小學四年級時，對直昇機很感興趣，會在家中製作會動的模型。那個裝置是利用直昇機模型，在底座安裝一個桶子，然後在另一端掛上砝碼，像天秤般保持平衡。這麼一來，只要是處於自身重量相抵的狀態下，就能利用直昇機馬達，轉動螺旋槳，使之上升。我設計出這個能自由移動的裝置，讓它在房間裡飛，拋擲炸彈，用繩子吊起重物來玩。

可是我很想知道真正的直昇機是如何控制動作。但就算查閱了百科全書我還是無法清楚了解。當然我也問了一圈能問的大人，但連學校老師都不知道。幫我解決這問題的，依舊是書本。我在圖書館裡讀了好幾本直昇機的相關書籍。

一開始我完全不了解圖解標示的東西。我不知道那個結構如何運作。我看了好幾遍內容並對照著圖解來思考，我曾經持續盯著圖解看好幾個小時。然後某次，我終於理解這個構造了。一旦知道後，此前讀過好幾遍的內容第一次變得有意義。

「懂得」的意思原來是這樣啊，我有了這個經驗。可以說在這之後，我人生中有好幾次遇見「良機」的感覺，是一樣的。

也就是說，閱讀文章不見得能夠理解真正的意義。不如可以說是反過來的，於理解意義之時，才開始能閱讀文章。

速讀不是讀書

可是，很多一般的讀者似乎並非如此，特別是讀了很多書的人都是在讀文章。他們似乎就這麼把文章囫圇吞棗，沒有在自己腦中擴展文章意義。若不擴展，所經驗到的就只是晃眼看過的程度。換言之，就如從新幹線車窗看出去的風景般，以飛快的速度流逝。只在瞬間看過，並無法做出確認，而且幾乎都會看漏。但眼睛是張開的，沒有睡著。比如從東京到大阪，看遍全程景色，這似乎就像是一般的讀書。

可是，這些風景有多少進入了腦中呢？若重複看過好幾遍是另當別論，但只看過一次流經的風景，幾乎是不會殘留在記憶中的吧。同樣的，我認為，速讀只是逐字逐行看過文字的體驗，不能說是真正的「讀過了」。

速讀或許會知道書中寫了些什麼、大意是什麼，但是知道大意不是讀書。比喻來說，這行為就像是把音樂快轉來聽。或許會知道那是什麼音樂，可是，這麼做真能懂得音樂之美嗎？

近來，「易讀」的書很受歡迎。因為內容很簡單，故事進展很快，不會寫些多餘的東西。例如會在書封或內頁的插畫，畫出主角的形象等，完全不需要讀者想像。

閱讀文章對自己來說，是一種「擴展」的行為，這本該是讀書體驗。有時若沒有某種程度的習慣會很困難，也會因文章而異，使閱讀變得費事困難。可是閱讀文章，想要「理解」，畢竟是一件多少得費點勞力的作業。

我閱讀文字的速度很慢，是一字一字的讀。但是另一方面，由於有很充分的思考時間，只要讀過一次，就幾乎不會忘。例如，我能說明目前為止讀過所有小說的大意。我不會讀第二次，只要讀過一次，就沒有再讀的必要。因此，我讀完文庫本或新書*後會直接丟掉。這是我一直到現在都有的習慣。

不過我完全記不住專有名詞，也記不得登場人物的名字。我能記得的是那本書所寫的主旨、新穎之處與特徵，而非那些細微又具體的資料。若是故事類，則幾乎會記得故事情節。我會記得哪個場景很棒等，就和電影一樣，記住那畫面。

之後我經常會分不清是在書上讀過的呢？還是在電影裡看到的呢？又或是自己在哪裡親身經歷過的呢？這也就是說，因為不論是書還是電影，都被我當成是自己的體驗給記住了。夢見的事物、從別人那裡聽到的事，也會被我當成體驗而記住，所以會搞不清楚。印象愈是強烈的事，愈會變成接近自己體驗的程度。藉由閱讀文章並在自己腦中擴展開來，才會成為「體驗」。

翻譯小說的魅力

那麼，我們再把話題繞回來吧。我為什麼會拿起小說來看呢？至今我完全想不起來。似乎是因為升上國中後，覺得那麼做看起來比較成熟，所以想試著讀一下。雖然瞧不起虛構世界的價值，但世上卻有許多這類東西。

例如在電視上播放的幾乎都是。我喜歡西部片跟科幻片，所以偶爾會看，但那些也是虛構的。我知道那是虛擬的故事，但很有趣，能看到平常不會經驗到的世界，就某種意義上來說，可以學習到很多。我很驚訝竟然有那些東西，還有竟然可以做那種事，從中，我獲得了現實中自己能做些什麼事的啟示。也就是說，即便其本身是虛構的，只要從中有能擴展之事，或許就能對自己有益。單是如此，就比小學生時期更有成長。

升上國中後，我是搭公車與地下鐵通學。我很驚訝電車中有人會坐在位置上讀書。在這種地方能讀書嗎？我覺得真是十分有趣。我有遠視，就算距離很遠，也可以看得到人家在看什麼。連報紙文章也是距離幾公尺仍能讀到，反而遠些比較容易閱讀。

＊日本的圖書出版類型，文庫本是 105mm×148mm（A6）大小左右的小型書，以輕薄為主；新書較文庫本大一點，是 105mm×173mm 大小左右的小型書。最新出版的書籍，日文是用「新刊」，而不是「新書」，「新書」指的是上述尺寸的書。

報紙兩面都有文字，所以我能閱讀，若是書，我就只能看見封面與封底。上面寫有概要，所以我會想著，那本書是在講那個啊。標題也很有趣。有很多作者的名字都是片假名*，不是日本人。

這麼說來，小學時我唯一覺得有趣的小說就是《怪盜亞森・羅蘋》。我想著母親應該會很高興吧，暑假期間從學校借來閱讀。寫那本書的是法國人，所以是翻譯成日文的外國書。我認為之所以要透過翻譯也要出這本書，或許是因為日本沒有有趣的小說，所以想引進國外名著。

在電視上能看到的連續劇也是國外與日本的都有。當時日本連續劇的布景很粗糙，劇情也不有趣，然而與之相較，國外的連續劇則頗有意思。果然還是因為有意思才跨海遠赴而來的吧，我只能這麼想。連動畫也一樣，國外動畫的動作很厲害，故事也有趣，可是日本的動畫卻不是那樣。

我的孩提時代是從昭和三十五年後到四十年（西元一九六〇到一九六五年），日本自戰敗中回復，那個時代的趨勢發展是學習美國。不論是戲劇、電影還是音樂，從國外進來許多很棒的作品，日本充其量只是炒冷飯。話說回來，那個時代即便是炒冷飯也很賣。

因此我之所以會拿起翻譯小說來看，也可以說是自然而然的。在大海另一邊的作品應該比日本國內的還要多，其中特地透過翻譯遠渡來日本的，一定都經過了嚴選。因此我只是單純考慮到，那些作品比日本國內作品更有趣的機率絕對很高。

我買的第一本書

此外還有一個主因。我從孩提時起就不行買漫畫。只要是書，母親都會買給我，但漫畫則另當別論。母親告訴我，漫畫的水準很低，沒有看的價值。這一點連電視上的動畫也一樣，我從沒看過這類節目，可以說母親只讓我看NHK。可是，當時的NHK有播放《雷鳥神機隊》（Thunderbirds），還有播西部片的連續劇，有很多有趣的節目。

＊日文都是以片假名來音譯外國人的外文名字。

因為這樣，我有時會一時興起而想讀讀小說，就跑去此前沒去過的書店一區選書。當時的文庫本應該是兩百日圓左右。還是國中生的我能自由利用的零用錢一個月大約是五百日圓。我幾乎都用來購買模型材料了。我可以買製作用書，也能買工具，但不夠錢買成品的玩具以及模型，所以只能自己做。雖說是材料，馬達、電池以及齒輪等價格也不便宜。即便如此，我從國小起便一直囤積，就某種程度上來說也是收集齊全了。因為我可以把做好的東西拆掉，重新再利用。

升上國中後，單趟通學就要花一小時，上課時間則是每天六小時。再加上老師還出了很多功課，製作模型的時間變少了。因著各種各樣的環境變化，也可以說，因此打造出我能將零用錢花在小說上的環境。

即便如此，因為用的是自己的錢，所以我想謹慎選擇。書的內容一定要讀過才會知道，為了要讀就非買不可。這樣的左右為難，應該所有人都有吧。

文庫這類小本的書，總讓人覺得有些成熟的氛圍。那樣的小本書，對小學生的我來說是無緣的。我想像著，那一定有很多很難的漢字，讀不懂吧。的確，略翻一下內容就發現，裡面擠滿了文字，還有很多加了讀音標示的艱難成語。我不確定能不能讀懂，可是有很多人都在讀，所以我覺得應該也不是沒辦法讀。

國中一年級時，我用自己零用錢換來的第一本書就是美國推理小說家艾勒里・昆恩（Ellery Queen）所寫的《X的悲劇》（*The Tragedy of X*），上面標有戴著帽子的男性側面圖案。同作家的書有十本左右陳列在架上，所以我想他一定很有名，而且最重要的是，我覺得書名很好。

然後我立刻買下那本書開始閱讀。難懂的漢字和不知道的字詞，查字典就好。上國中時，母親買了國語字典、漢和字典給我，我知道怎麼使用。

我記得自己有種像是踏入未知領域的感覺，非常興奮。

不懂寫些什麼

我從最開始的幾頁讀起，然而讀著讀著就感覺山窮水盡了。我完全不知道是在寫些什麼。書的內容是突然冒出了些人，而那些人隱藏自己的身分發表作品等。這就是這本小說的故事情節？還是情節解說？我不知道那到底在講些什麼。書中盡是些暗喻，很抽象，措辭也很難，是我此前完全沒碰過的文章。

我煩惱了近兩天。由於當時的班導是教國語的老師，因此我下了一大決心，去問老師。趁著午休時間，我拿著那本書去了教職員休息室。我告訴那位老師，我不懂那本書某處所寫的意思。

老師當場讀了那幾頁，我想應該有兩、三分鐘吧。我站在老師桌子旁等著，休息室中還有很多其他老師在吃便當。班導師似乎是吃完了麵包，桌上還剩有約一半的牛奶。

老師把書還給我後，如是說道：「我也不知道。」

那真是令人意外的回覆。他明明是教國語的老師，比起國小老師來更為專業，應該不會不知道。該怎麼說才好呢？我也束手無策了，連要說什麼都不知道。結果老師問我：「那麼在這之後的內容你讀了嗎？」我回答說還沒讀到後面。然後老師這麼說了：

「那麼就先讀讀看吧，或許讀到最後就會懂了。」

「為什麼要寫這些讓人看不懂的東西呢？」我更進一步提問。

「之後你慢慢就會懂了。若讀不懂這本書，或許讀了別本書就會懂。我沒有讀過這類型的書，但我想一定是這樣的。」

我雖不解是怎麼回事，但沒辦法，只能行個禮退出教職員休息室。我懷疑，老師是否稍微知道些什麼。總之我認為，在那個時間點上，我還無法自己解讀那些文章。但我至少還知道那似乎不是解釋方面的問題。如果連教國語的老師都不知道，我也只能這麼想。

花費一個月讀書

結果，我遵從老師的教導，開始讀起了那本小說。我漸漸理解，詢問老師的那部分是像前言的部分，和故事情節無關。

我約花了一個月才讀完閱讀初體驗的這本書，每天都花了不少時間，大概有兩小時以上吧。週末時花的時間更多，讀一頁所花的時間大概有超過十分鐘。我的閱讀就是如此緩慢。話說回來，對我而言，用更快速度閱讀還比較困難。

我讀到了最後，內容真是非常有趣，即便是故事中段也很有趣。小說內容是發生了殺人事件，警察與偵探合作解開了謎團。這樣的故事情節是我料想不到的。剛開始時，雖提示了一堆謎題，但完全沒寫理由或原因，所以讓人讀得很焦慮，想搞清楚是怎麼一回事，但讀到最後就會知道，原來如此，原來是這樣的寫法（演出）啊。

當然之後我就理解了這是懸疑小說、推理小說，但之前我甚至不知道有這類型的小說。我很驚訝，原來小說是這麼有趣，佩服作者真是了不起。

而且因為讀到最後的解說，我也知道了一開始的文章與故事情節毫無相關。解說中寫道，作者艾勒里・昆恩是兩位作者共同寫作時所用的筆名，本作《X的悲劇》於發表時是用另一個筆名巴納比・羅斯（Barnaby Ross）來做發表。因為兩者都是匿名作家，這兩個人就一直匿名下去，成為兩位作者，在粉絲前對談。《X的悲劇》之後接續的是《Y的悲劇》（*Tragedy Of Y*）、《Z的悲劇》（*Tragedy Of Z*）、《哲瑞．雷恩的最後探案》（*Drury Lane's Last Case*）共有四部曲，是為了實現某個詭計才特意用英文代號發表。

被我視作疑問的前言，為了不破梗，故意避開重要部分，寫得很模糊不清。我以前的理解是，文章這種東西就是要寫得能讓人看懂，但依不同情況，有些的確要有「寫得讓人看不懂」的理由。

傾心於推理小說

總之那四部作品我都讀過了。我對艾勒里・昆恩大為傾心，之後也持續讀這位作家的作品。當時這位作者的書是由日本創元推理文庫出版，約一年後，我就讀完所有作品，面臨再讀不到這位作者日文作品的情況。

無可奈何之下，我開始讀阿嘉莎・克莉絲蒂（Dame Agatha Mary Clarissa Christie）的書，這位作者有好幾本書都在同文庫出版。可是她的作品沒有帶給我如昆恩那樣的衝擊，讀了幾本後我就膩了（但之後我對克莉絲蒂有了新評價，重新將她的作品全部讀過）。我也試著讀了其他知名作者的作品，如范達因（S. S. Van Dine），以及約翰・狄克森・卡爾（John Dickson Carr）等。

范達因的文章多少有些難讀，而比起昆恩，克莉絲蒂與卡爾則有較多篇短之作。關於文章，我認為應該也受到當時出版書籍譯者的極大影響。

大致閱讀到此後，我就能理解推理小說是一分類，並非普通的文學。也就是說我理解了，它屬於小說中一個領域，至少是和國語課本裡所選錄的作品完全不同。推理小說既沒有特意穿插人生的教訓，也沒有訴說愛與和平。沒有國語老師經常會提到的「主旨」。總之那些故事的作用只是「很有趣」，而無法從故事中「學習」。

如今應該是稱此為「entertainment」吧。當時這個詞在日本還不流通，我只聽過「娛樂作品」，但話說回來，我本來就不太清楚「娛樂」這個詞的意義。昆恩與克莉絲蒂的作品中，一開始會呈現作為故事舞台的房間配置圖，其中經常會出現「娛樂室」的房間。大致上是用來描寫客人們聚集在有撞球台或是像吧台一類房間裡，開心暢談的場景，然後那裡就成為殺人現場。

對還是國中生的我來說，還無法理解「娛樂」的意義，以及其中價值。我只能聯想到酒、麻將等賭博的事情，又或者是只知道那是有錢大人住在溫泉旅館，在那裡打保齡球或網球等一類的「嗜好」。

同樣，「嗜好」這個詞也很難懂。我還是小學生的時候，在書店發現了鐵道模型的專門雜誌，該雜誌名為《鐵道模型嗜好》（鉄道模型趣味），所以我知道這個單詞。

後來逛百貨公司時，我發現一個「愛好」專區，在那裡陳列有鐵路模型。在它旁邊賣著魔術的用具，還有賣郵票跟貨幣。所以我知道，收集鐵路模型、魔術、郵票、硬幣就是「嗜好」。

喜歡的日本小說偏少的原因

把話題拉回來。我讀了幾十本翻譯的推理小說後（當時，一般都是用「推理小說」這種稱呼，其中一部分又稱做「偵探小說」。「懸疑小說」的表現範圍太廣，無法瞬間理解），在小說中發現了適合自己的東西。

反過來說，讀了這麼多後，也不由得厭惡起一般的小說來。原因是因為一般小說幾乎是國語課本以及暑假指定閱讀的圖書。節錄在課本中的部分小說，以及不情不願地讀的指定閱讀圖書，無聊至極。當時，這感受支配著我，甚至到了不相信會有人讀那種東西的程度。

但是不論年歲多大，我都覺得那並無法簡單歸因於我很彆扭。

因為在日本，讀小說的人非常少。雖然偶爾會有知名作家登上新聞，但若尋問街頭大眾：「提起日本小說家，你會想到誰？」恐怕至今仍以回答「夏目漱石」為最多（不過，會寫「漱石」這個漢字的日本人應該不多。我也不會寫）。因為大家都有在課本上讀過。

當然，雖說有讀過漱石的作品，也不是全都讀過。《心》似乎是最受歡迎的，但大多數人都是只透過課本才知道，從頭讀到尾的人很少。此外，又有多少人讀完全本的《我是貓》以及《少爺》呢？

和現今相比，從前的娛樂確實比較少。在沒有電視與電影的時代，小說才是大眾向的娛樂。戲劇等一定要去劇場看，票價也很貴。大量印刷的書籍在這層意義上，就像是現代網路及手機一樣，是很一般性的傳媒。

近年來，暢銷小說也有幾十萬本的銷量。反過來說，若能賣出幾萬本，就能成為週間或月間的暢銷書。這個數字若以日本超過一億人的人口來看，不過是〇・一%。也就是說，估計看小說的人，最多不過一千人中有一人。

出版界遭遇空前的不景氣，出版社一間一間的倒閉。不只書籍的販售量減少，漫畫也一樣。全日本有很多書店都被逼到關店的窘境。

我想，這或許是因為受到小學國語課影響，覺得小說不過爾爾的人長大成人之故。這是因為課本中收錄的淨是些古早的無聊小說。雖然對夏目漱石的粉絲很不好意思，但我從不覺得夏目漱石的作品很有趣（我比較喜歡森歐外）。或許是因為父親說很有趣，那個世代才這麼接受了。

優秀小說的條件

除了推理小說，我也試著去挑戰其他類型的小說。首先是科幻小說。那個時期，好萊塢電影拍了幾本科幻小說改編的大作，我也曾看過那些電影，所以總覺得小說沒那麼感動人。科幻題材很適合拍成電影，拍成影像後比較容易看出其厲害之處。至少對我來說，電影看起來比較厲害。例如《異形》（*Alien*）、《銀翼殺手》（*Blade Runner*）、《第三類接觸》（*Close Encounters of the Third Kind*）等。

至於歷史類小說，我則試著讀了吉川英治的《宮本武藏》。那本書頗為有趣，不過我覺得，還是電視連續劇比較好看。

閱讀文字很花時間，雖然能讀出文字之美，但要論及此，詩還比較明顯。我覺得讀小說時還是要邊閱讀文章，邊在腦中擴展想像，才是完整的閱讀。在沒有電視與電影的時代裡寫的作品，在當時很了不起，但在現代，無可避免的會給人落伍感。

之所以覺得文章之美不重要，應該是因為我是從翻譯小說入門的吧。所謂的翻譯，就是由譯者將他國文字寫成日文，已不是作者的文章。

我也曾試著讀原文，但也只是更花時間。沒錯，我看英文拼字也是要一個字一個字對焦，所以比起識別漢字來更花時間，很是棘手。總之我記不住單字的拼法（這部分就同於所謂閱讀障礙的症狀）。視力雖是原因之一，但似乎也是因為我從小就用這樣的閱讀方式，所以將文字轉換為聲音的大腦機能發育得並不好。至今，我仍是能知曉漢字的意思，卻發不出讀音。

關於詩，我意外地與其投緣。一開始是讀石川啄木，之後則是讀韓波（Jean Nicolas Arthur Rimbaud）和歌德（Johann Wolfgang von Goethe）。我覺得愛倫坡（Edgar Allan Poe）的詩寫得比懸疑小說好。這也是因為家裡有世界名作全集我才讀的。至於日本人的作品，之後我讀了三好達治跟中原中也，我覺得都很有意思。

我之所以會覺得讀詩「有趣」或許和一般人稍微有點不一樣。我的「有趣」中還包含了「美」，亦即文學的價值我全都用「有趣」來評價。那是一種讓人背脊發冷的感覺（實際上也會伴隨有背脊變冷的體感）。即便是讀了一遍的詩，再讀一遍也會因同一句話而後背發冷，對我來說，這種有趣之處是非常明顯的體感。

即便如此，我仍未踏入所謂純文學的領域。雖然家裡有世界名作全集，我也試著讀了知名作品，但是開始讀了一些後，就覺得太過無聊而放棄了。那些書與推理小說相比，果然吸引讀者的作用比較弱。這部分和我所追求的是不一樣的。

關於推理小說，我有了一個機會去試讀日本的作品。我讀的是江戶川亂步與橫溝正史的作品，可是行不通，我完全不懂亂步作品的有趣之處（首先那並非推理小說）。關於正史，該怎麼說呢？看起來就像是舞台裝置的裝飾般滑稽，太不現實，我的世代早已經不知道書裡的那種日本了。如果是國外的翻譯作品，我或許還會讀。但因為我了解日本，就會覺得很虛假。

同樣的情況也可以套用在國外連續劇與日本連續劇上。國外連續劇原本就是我不知道的世界，所以能容許「原來是這樣喔」。但日本的連續劇即便是同一程度，看起來也會是「無可置信」的造作之物。

因此，我會去找能讀的國外懸疑小說。我想，高中生時期應該是我讀得最多的時候。我讀書的速度一樣很慢，但即便如此，讀了一段時間後也就習慣了。最大的變化是，我不知道的漢字跟詞語減少了，此外，即便有不知道的單詞，我也會斷然決定，只要跳著讀就好。因為我有過經驗，讀過和故事核心幾乎無關的前言，所以知道。

閱讀專門書籍該有的常識

當然在這個時期中，我讀的書大半都是關於機械與電子的。我自己很明顯是理科人，所以可以嗅到自己想做的事與自己的未來似乎就是在那個方向。

我最感興趣的還是電子學。在那個時代，「Electronics」這個詞很燦爛、光輝，而且在我高中生時期，逐步邁進電腦時代。桌上型電腦雖還是要約十萬日圓，但終於有出售適用於一般大眾的電腦。

此外我很喜歡摸索機械，所以讀了很多關於飛機、引擎類的書。我記得噴射引擎是當時的明星。在那個時代，汽車這個與個人切身相關的領域正不斷在發展中，在新型車中採用怎樣新技術的新聞經常成為話題。

實際上，我本想讀大學的電機工程學系，但是我報考的本地國立名古屋大學，其制度是先在工學院中判定是否合格，然後依志願序分發學系。學系的志願可以填報三個，我在電機工程學系後填了建築學系，因為父親的工作就是那方面的。

可是電機工程學系的偏差值是工學院中偏中間的，而建築學系則是排在它前面。高中升學輔導時，老師告訴我，若不把建築學系填第一志願就沒有意義，所以沒辦法，我只好改將建築學系填第一位。另外，我還報考了私立早稻田大學的電機工程學系。

結果我兩邊都考取了，但名古屋大學卻是上了建築學系。我雖然對建築沒興趣，但我想著，在學習的過程中或許會發現什麼有趣之處吧，所以就進入不怎麼需要花錢的當地國立大學就讀。

成為大學生後，就能接受專門的授課。這幾乎和讀書是一樣的感覺，因為老師會直接教我們讀書能懂的事。很多時候，大學授課使用的教科書是老師自己寫的書，所以也就等同於是作者直接指導我們。還有個好處是，可以直接當場提問。不過讀書比較不花時間、能搞懂細節部分，很明顯比較有效率。

回過頭來看，在國中或高中時的學習，最終不過是為了獲得和讀書同樣的基礎知識。

國語在這點上尤其顯著，數學也有這層意義。數學的基礎知識可以說很類似於「語言」，是為理解更高等數學及工學等專門書籍所必須的。不過那並不意味一定要預先懂得一切。碰到不懂的地方只要去查就好。可是該去哪裡查？資料是記錄在哪裡？我認為，還是要透過一連串的教育來養成一些常識，才能大致預想到這些。

我進入大學後又讀了不少小說。因為有新作品不斷被翻譯引進，所以能輕易讀到。我覺得國外的作品還是比日本的有趣。偶爾我也會想著，自己也來試著寫這些東西吧。我會想著，只要想寫應該就能寫吧？但因為我這個人本來就最不擅長於國語科，所以不論怎麼想，都不覺得這是適合我的工作。

關於漫畫的存在

那麼接下來，我想稍微寫一下關於漫畫的事。

小時候，我被禁止看漫畫。但這是指母親不會買給我，若是我自己買來讀，則不會被唸什麼。我的雙親關於這部分的規則非常明確。玩具也是，我可以自由用自己存的錢購買。不過，父母會援助我的只有漫畫以外的書跟工具而已，所以要說是「被禁止」也不為過。

我成為大學生後才開始打工自己賺錢，此前我曾未有過那樣的經驗。我一個月的零用錢只有幾百塊，升國中後，最多一千塊左右。這樣的資金完全無法運用在漫畫上。就算是書，我也很少自己買（慶幸的是，我閱讀速度很慢，一個月頂多讀一本書）。

現在想來，關於小說，都是我自己買的，而非父母買給我。關於這點，我想不太起來當時是以什麼心情去購買的。父母買給我的書是跟經常出入家中的書店銷售員下訂單，所以一定要清楚知道書名跟作者，而且無法像去書店那樣拿起來，閱讀書封上的大綱、文案。我透過母親幫助獲得的書幾乎都是新的精裝單行本，沒有平裝的文庫本。

而關於漫畫，因為可以讀得比小說快，所以CP值不好。我曾經從朋友那裡借來閱讀，所以知道。小學時我曾看過一些，但卻沒有想像中那麼有趣。不，讀的時候很有趣，也有很好笑的部分，可是卻怎麼也不想讀下去。何況是自己出錢買來讀，我更是完全沒想過。

父母對我還滿嚴格的（我雖是次男，但長男在一歲前就過世），但卻很寵溺小我五歲的妹妹。母親會買漫畫週刊給她。我高中生、她是小學生的時候，我就發現了這件事。我詢問母親後，她告訴我，最近如果沒有看漫畫似乎就無法和朋友聊天，她主張妹妹的時代已經和我的時代不一樣了。

話雖如此，我也沒想過要母親買漫畫雜誌給我。我甚至想，買那種無聊的東西給女兒讀，對教育上來說會不會有什麼影響？我想我已經深受父母意向所影響了。

《波族傳奇》的衝擊

高中二年級的時候，我因病住院。我記得住院住了近兩個月。我身體本來就很弱，很多時候身體狀況很快就變糟，我自己並不覺得是那麼特別的狀況，倒是很開心能休息不去上學。

不過若出席日數不足就糟了，雖然不是非常了解情況，但朋友幫我寫了所有上課的筆記、影印考卷帶來病房給我，而我則必須寫完考卷後交回去。這麼一來，出席日數似乎就夠了（我沒什麼興趣，所以沒詳細詢問，但似乎是母親去和學校商量的）。

當時影印機還不普遍，抄寫筆記是項大工程。雖是三位朋友輪流抄寫筆記給我看，但令我驚訝的是，他們都很認真在抄寫。這三個人的成績都比我差，是成績上不來的傢伙，我很驚訝，他們能那麼仔細抄寫筆記，成績卻那麼差。

住院時有件好事是，因為我非常閒，經常在醫院內閒逛，和護士（現在稱護理師，當時是叫護士）的孩子年紀相仿，而成了好朋友，而她們借給我漫畫的單行本。應該是因為覺得我有很多空閒時間吧。

我想不太起來，為何此時我沒讀平常閱讀的懸疑小說。是因為我總躺在床上嗎？大致說來，我總習慣在書桌前閱讀。就算伸長了手拿書，還是離太近，所以我會將書立在桌上的書架上，兩側用東西押著，好讓它不會翻頁。我以斜倚在椅背上的姿勢，將書遠離眼睛而讀。所以，若沒有桌子，我就不會想要讀書。

漫畫的文字很少。以圖畫來說，即便只是大致模糊地看過去，也能知道是在畫些什麼。但和一般人比起來，我看的其實是細線和筆觸。一般人在閱讀文字時的感受，就是我在看畫時的感受。不管怎麼樣，看漫畫都比看小說來得不花時間。但我知道，我還是花了比一般讀者多三倍的時間。一天只能讀一本。

我在這時讀的漫畫是萩尾望都的《波族傳奇》。現在所能想起的，就只有後背發冷的感動，記憶很是鮮明。

漫畫有著小說所沒有的圖畫。所以只要畫吸引人，應該就會有人氣。不過每個人嗜好當然是有各種各樣，所以有投不投緣的問題。就某種意義上來說，可以說漫畫比小說更挑人讀。若是小說，讀者只要靠自己的喜好來想像就好，但漫畫卻不能。我是如此認知的。

萩尾望都這位漫畫家的作品是少女漫畫。畫風很唯美，主角眼中有星星在閃耀。當時男性不會閱讀這樣的漫畫，我完全不是目標讀者。但是，我只是剛好完全沒看過漫畫，所以沒有那樣先入為主的觀念。我沒有了解漫畫到能區別少年漫畫與少女漫畫的程度。

不是讀小說的時候？

我讀了萩尾望都的作品後，最令我驚訝的是如詩般的對話與畫面構圖。前者也就是所謂的詩歌。我所閱讀的古典詩中沒有這類東西，不過在國外的詩歌裡，確有著相同的東西。韓波等就很類似。

構圖不只是單張圖，還包含分鏡技巧。比如「要畫些什麼？要從那裡看構圖？」等。不只是主角，在那個空間裡的小東西，又或者是正好在場、無關緊要的人們，在萩尾望都的漫畫中全都栩栩如生。他們都是基於某種理由而在那裡，基於某種理由而行動。這些都很令人驚艷。

閱讀小說時，我一定會想像著在那個舞台上，各種角色行動的場景。因為做出了這些「開展」，閱讀才變慢。之後我成了小說家，注意到很多讀者似乎都沒有進行這類「開展」，只是如實地閱讀文字，心不在焉地。就算偶爾會浮現出「是這種感覺啊」的想像，在那想像中，人們也不是鮮活的，不會隨意行動。

舉個極端一點的例子，在某個場景中，寫到了某人坐在沙發上，之後，在別的場景中若寫到他已經站了起來，在這之間應該是從沙發上站起來，走到那個地方去的吧。我會在腦中再現那樣的場景，這就是「開展」。因此，我成為小說家時，也會像這樣書寫。但是，編輯、校閱者，甚至有時讀者也會來問我：「本來不是坐著的嗎？什麼時候站起來的？」

對此，我真的很驚訝。若寫了站起來，應該就能想像是從哪裡站起起來的。無法做出這樣簡單的想像真令人不可思議。

從文字中開展想像是閱讀小說的行為吧，我是這麼理解的。所以閱讀很花時間。反過來，要將腦中想像行之為文，比較沒那麼花時間。首先，想像是影像，文字是讀本，亦即因為是數位，記錄的量也與前者相差懸殊。要從少構築到多，一定要補充些什麼，所以這項作業當然很花時間。另一方面，要將多的變少，只要捨去就好，是很單純的作業。

因此，自從成為作家，我也是寫得很快，讀得很慢。寫作自己作品的時間，跟讀過一遍編輯部送來的校樣，幾乎需要同樣的時間，我的情況就是如此。這一點，編輯在一開始也難以理解。

就算是這樣的我，也沒有像萩尾望都的畫那樣，連各個角落都能呈現想像。那份細密的再現力，是我此前從未體驗過的。或許在作家腦中的記憶量很大，解析度特別高吧。

我甚至認為，那時不該讀什麼小說。我當時受到的震撼就是這麼大。我認為，漫畫還是歷史尚短的創作、藝術，卻出現了這麼厲害的作品，此後一定還會繼續不斷發展。

萩尾望都的才能

因此，我將萩尾望都的漫畫全讀過一遍。

萩尾望都的作品也有發表在我妹妹在看的週刊雜誌上。那真是幸運。妹妹把買來的雜誌整齊排列在書架上，約有兩年分。出院後，我立刻就看到了。那些都是連載作品，偶爾也會有短篇。還有刊載作品列表的，所以我能掌握她出道以來的作品數。我去找了單行本、舊雜誌，追溯、閱讀她過去所有作品。

她也開始了新連載——《天使心》（トーマの心臟）。之後我每週都很期待（雖然是妹妹先讀）。這之中，我在整理雜誌時，將萩尾望都相關的作品、宣傳單，又或者是與她稍有相關的專欄，全都仔細剪下來好好保存。這本剪貼簿，在之後我成為作家，第一次與萩尾望都老師對談時也帶去給她本人看過。因為我就是她的一個大粉絲。

升上高三後，我加入了漫畫研究同好會（這之中有些緣由，高二時，好友隸屬於該社團，所以我曾幫忙寫社刊封面上的藝術字）。那個同好會是新的小社團，還不被認可為是課外活動部。我畫了模擬萩尾望都作品的畫，並且拿給朋友看。我們的組員只有六、七名，因為是男校，全員都是男性。大家畫的都是手塚治蟲、橫山光輝、赤塚不二夫等當時人氣漫畫家的圖案，而我因為畫了少女漫畫，所以最初完全不被認可，只有被譏笑的分。而更讓我覺得丟臉的是，我的出道作名之為「漫畫藝術論」，完全沒有什麼故事情節，只是結合圖畫與論文（或者更確切的說是想法）的貨色。

此後將是漫畫的時代，而非文學的。漫畫不是介於畫與文章之間的東西，漫畫是獨立且嶄新的類型，我如此寫著理所當然的事（我記得）。我想，或許是因為我此前都小瞧了漫畫，所以那是針對自己所提出的主張。

之後我模仿了萩尾望都，畫了幾篇懸疑短篇。萩尾望都早期時的短篇，有很多極為優秀之作。現今的人或許幾乎都不知道吧。我如今仍認為，那絕非可以簡單歸類為少女漫畫。

某位家教老師的回憶

因為我開始畫漫畫，高三時期就淨是在看漫畫。我幾乎記不得有做什麼考試複習之類的，只有去學校上課。我不是那種會自己主動學習的類型。

母親很受不了，於是拜託了住附近的大學生來當我的家教老師。每星期來一次，一次兩小時。

那名大學生什麼也沒教我，那兩個小時中只是看著我坐在書桌前解模擬試題而已。也就是說，他是負責看守我的人。他是理學院數學系的。

我知道有本雜誌叫《大學數學》（大学への数学），裡頭有有趣問題的解題法，但聽說很難，不過沒有解不開的問題。偶爾會有人報名寫解答，之後就會在下一期刊載答對者的名字。

那時候，同學帶來學校的某個問題在朋友間風傳。該命題為：「任意三角形的各頂點，角度的三等分線向內延伸，與鄰邊的三等分線形成三個交點（彼此相近的三等分線的交點）。連接這三點所形成的三角形就是正三角形。」亦即，這個問題要證明此說是否為真。

班上所有人都解不出來（順帶一提，我們班有超過十人進入東大理科）。我也想了好幾天都解不出來。大家都說，若是解不出來，那不就表示那說法為假嗎？但若是假的，不陳述其為假的理由，也不能算是解了題。我試著畫了一個大圖後發現，大致會形成一個正三角形。

因此我向我的家教老師大學生詢問了這個問題。他也想了兩個小時卻解不開，最後他說要拿回去想。

但到了下一週，他卻說還沒解出來。他說，數學系的同學都一起思考了，卻仍解不出。其實，他讀的大學是當地的國立名古屋大學，是這地區偏差值最高的（最近，出現了好幾名諾貝爾獎研究者）。我想著，因為大學的專家都解不出來，高中生會沒輒也是理所當然。同時，老實說，我也覺得，原來大學生的程度也不過是這樣而已嗎？

可是又過了一週，他解開了那個問題。他告訴我說，他不是自己解開的，而是研究生算出來的（為什麼不說謊說是自己解開的呢？他真是令我尊敬的一號人物）。

他在三張報告用紙上寫滿了解答的公式，做了三角函數的計算，但很遺憾，使用的很多公式高中生都不知道。所以之後，他花了約三個星期的時間來向我說明關於這個解答公式的展開。要理解他的說明就一定要先知道公式，必須一一計算，為何那個公式是成立的，所以過程不短。

最後我完全理解那個計算時，卻覺得真是了不起。我對大學的數學系另眼相看了，所以我想著，那我也來去報考數學系吧。

入迷的數學書

因為發生了這件事，有段時間，我覺得讀數學的書很有趣。但大多都是關於數學家的書，而非數學本身。因為市面上意外地出版有很多數學家的傳記，應該是因為這些書一般人也能理解吧。

也不是沒有數學的專門書，但特別貴，要五千日元以上，我完全沒想過是否有趣、要不要買來讀讀看。此外，即使去圖書館，以市立圖書館來說，幾乎沒有專業類的藏書。

根據那個大學生所說，大學的一般圖書館也大致一樣，專門書似乎只在學系圖書館，也就是數學系研究者利用的圖書館裡才有。而且該圖書館的書經常會被教授、副教授借走，收放在教師房間的書庫裡。能理解那些書的只有那些人，所以沒人會去借，想借時就要向該位老師提出申請。

數學家所寫的書也有出版幾本。世人雖討厭數學，但似乎沒那麼討厭數學家。該說是不世故嗎？大家對數學家都會有類似的印象：有點奇怪的人，但頭腦很好。結果數學家意外地備受尊敬。這若是用文科來比喻，或許就相當於哲學家。以前哲學跟數學是非常相近的學問，要說理所應當也是當然。

此外，類似數學謎題的書也很多。這些書屬於文字很少，我容易閱讀的類型。因此我把從圖書館借來的書全讀了一遍。其間，我也對數學以外的謎題感興趣，大量翻閱了所謂邏輯謎題、圖形謎題等書。

不過，成為大學生時，我想著，這世上已經沒有新謎題了嗎？也不是說之後再沒陸續出現什麼新問題，而是有趣的問題都淨是些頗為老舊的了。似乎約十年會出現一個傑作，若是如此，此後出的書，頂多也只會收錄一或兩個這類問題。

我以數學系為目標，卻沒有成為數學家，很大原因是已經有研究生能解開我所解不開的問題了。這也是我之所以沒有成為漫畫家的原因。因為已經有萩尾望都了。

成為大學生後，我仍想持續畫漫畫，但一次也沒想過要成為漫畫家。我既沒有從小就在畫，而且也初次感受到，我根本不適合這職業。畢竟我畫的畫只是在模仿萩尾望都。我確信，這不可能成功。只要認真讀書，能運用技術找到工作就好，我就這麼懵懂地觀望著未來。

窺看他人思考的體驗

成為大學生後，我讀的第一本小說還是懸疑小說。我讀得沒高中時期那麼多，因為多了許多想做的事。我利用打工的收入，做了此前都不能做的事。主要是遙控飛機。我做了幾架自己設計的飛機。雖讀了幾本航空力學的書，但其實那些知識都不太需要。所謂的飛機，其機械裝置非常簡單，誰都設計得出來，它的機械裝置不像汽車那樣複雜。

文學作品也是，升上大學後，我偶爾會看，也就是看所謂的名著。但是，怎麼看都沒有靈感、想法，因此這個時期我開始了新的閱讀——散文。

當時我讀的書中有八成都是非文學，其中有一半以上的都是專門書籍。除此之外，雖說不上是專門書，但是針對某重特別類型的解說，也就是所謂的報告書一類。不屬於這些的剩下兩成則是文學書，或是小說與詩。因為沒看到什麼有趣的小說，所以我試著讀了喜歡作家所寫的散文。

所謂散文這種文章，沒有什麼特別的主旨，就是百無聊賴地寫下所思所想以及經歷過的事。我很疑惑，他人的這種情報有價值嗎？所以之前都沒讀，但若是認識的作家，我就稍微有點興趣。例如只要讀過幾本谷崎潤一郎的小說，就能看懂谷崎的日記。要先知曉那號人物，才能讀懂。

若只是本完全不認識的另一個人的日記，就無法讀懂。若是沒有波瀾萬丈的人生經驗，會很無聊吧。若人生波瀾萬丈，應該在事前就會知道這號人物很有名才是。

散文意外地有趣。我雖是從日記著手，但日記以外的作品也很有趣。若說話的口吻很輕鬆，或是發想及感想超乎常識外，只要這樣，我就會很感興趣。也就是說，我發現到能窺看他人思考的有趣之處。當時，遠藤周作跟北壯夫等人的散文都很暢銷。

我雖然也覺得，若是這類東西，我自己也能寫吧，但明顯是我誤會了。首先，若非是與遠藤周作跟北杜夫匹敵的人物，否則是沒有人要讀的。我自己如是想著並敬而遠之，所以總覺得這觀察大致是對的。

遠離讀書的每一天

關於小說，我還是以懸疑小說為主，依然幾乎都是讀國外作品。很遺憾，我不懂橫溝正史的有趣之處正是我失敗的原因。每一篇介紹日本國內懸疑小說的文章，在開頭一定會舉出橫溝先生。此外，我對江戶穿亂步也沒輒。我還相信了介紹文試著另外讀了幾本松本清張的作品，卻完全不覺得有趣。可以說，我果然與日本小說合不來。我只想著，難道日本就沒有像艾勒里・昆恩或是阿嘉莎・克莉絲蒂那樣的作品嗎？

升上大學四年級後，我被分配到研究室，一頭栽進研究，就這樣成為研究生。修完碩士課程的同時，鄰縣新設的建築學系聘用我為研究員（助手，也就是現今所說的助教），而且很恰巧地也在同時結婚。因此，我的就職、結婚、搬家是重疊在一起的。

還是研究生時，我的讀書狀況一般，成了研究員後，讀書量一口氣下降了。最多一個月看一本，偶爾有喜歡的作家出新書時則會買來看。

最初搬去的那個家是獨門獨院，兩間三坪大的房間附有一個廚房，沒有家具，連書架都沒有。在職場上，我有被分配到研究室，所以我把專門書籍都帶去了大學的研究室。

正好在那時候，電腦商品化，可運用在工作上，我不需要再辛苦努力聚焦在書頁上，可以把螢幕放遠點，靠在椅子上工作。我總是深坐在椅子中，教授形容說那是「森君的坐法」。也因為這樣，我用不著再去思考書讀得慢是否是眼睛的緣故，就一直這樣持續著。

之後，三十八歲時，我順勢寫起了小說，轉眼間成為作家，這期間的經過已寫在其他書中，所以本書略過不提。

第2章

自由讀書，選書的方法

如何選書？

大家應該已經聽厭了陳年舊事吧。我們換一章，在這章中，我想寫一下該如何選書這個主題。話雖這麼說，我要談的不是大家該如何選書？怎樣選書法比較均衡？這些事我不知道，所以不會寫。

此外，我也完全沒想過該怎麼選書這類方法論。這會依照書對每個人是什麼樣的存在而有差異。

例如，有份報告必須在下週前寫好，題目已經決定好了，目標在於陳述自己對關於該題目的想法。若是這樣，就只能選讀與該題目相關的書，最好也順帶寫出自己是怎麼思考的。而且當交報告給教授時，教授不知道有那本書就更好了，但恐怕這可能性很低。

我看過很多學生寫的報告。我在大學入學考試中擔任小論文的審查員不只兩、三次。因為必須得看報告，我甚至認真思考過，在大學工作期間的讀書量是否有減少呢？而這些報告中所寫的內容，全都很「老套」。

根據我大致推測，學生應該事前都是用這樣的模式來論述的吧，因為寫出的文章模式很少。大家都用同樣的話、同樣的順序書寫同樣的事。因此閱讀這些報告，實在非常簡單就可以在某個段落決定給幾分，立刻能給出分數。若不是這樣，就是因完全沒寫、不會寫而不及格。

一百人中只有約一人會寫出讓我覺得「喔？這是什麼？」的文章，但其中有八成，我根本不知道是在講些什麼莫名其妙的事。結果就機率來說，會遇到讓我佩服「原來如此，這樣的發想真獨特啊～」這樣的情況，只有〇・二八%，也就是一千人中只有兩人。

或許因為我們所處環境條件就是報告、考試都是以「及格」為目的，所以就算表現突出也沒用。要說無可奈何也正是如此。若是萬中選一的競賽，或許還會稍微傾盡全力展現獨創性，但我從未擔任過類似的審查員。

那麼在此我想要寫的，不是這類具有確定性、短期目標的讀書，而是在更日常的條件下，稍微花點時間去閱讀的選書法。

不過，在孩提時代，例如十幾歲時，比較起來，會讀書的人占比較多數，但進入社會，到了被工作以及為家人盡心盡力追著跑的年紀時，似乎普遍就會離書本愈來愈遠。這是為什麼呢？應該是有各種原因吧。

其中一個原因是，年輕人有不得不學習的壓力。就算想玩，既沒時間也沒錢。就大人看來，讀書總感覺是接近學習的行動。旁人不會知道書裡面到底寫了些什麼，因此比起玩遊戲，不會遭受那麼強烈的譴責。只要坐在書桌前（因為不會出聲），保持安靜狀態即可。若善於用點小手段，也不難在上課時藏幾本書在課本下閱讀。

另一方面，長大成人後，首先現實這東西會更貼近自己。年輕時雖對架空的故事或範圍廣泛的讀物有興趣，但那也是因為自覺到能擴展自己的未來。若從事了特定工作，就會遠離其他大部分的人生，所以對與自己生活和方向性不同的東西就會喪失興趣。不讀小說也是因為難以投射到自己身上（當然也有人不論到了幾歲，仍保有少年少女心）。

例如對偶像或運動選手的憧憬，也是年輕時比較明顯吧。對書來說，情況也一樣。若是年輕人，就會想看關於喜歡的偶像或運動選手的書。但是長大成人後，只要不是那麼死忠的粉絲，熱情就會冷卻，而且很多時候更傾向去開拓新對象。

書與人相似

話說回來，所謂的書，到底是什麼呢？

談選書的話題前，我想先問問這個本質性的問題。若不清楚這點，很難去談選書法。人是為了什麼而讀書的呢？

所有人都一定會回答：這會因書的種類而有各式各樣原因。但是包含這些在內，整體說來是無法抽象化的吧。

其實答案很簡單。為什麼要和他人說話呢？為什麼會去看其他人呢？為什麼會在意他人呢？為什麼會去結識他人呢？看書的原因就同於這些。

社會上不是只有自己一個人，有許多人，大家都各自生活著。

但其實大部分的人都很相近。這點不叫人驚訝。若以動物來比喻，或許就像是水牛群。那就是人類社會。在社會的群體中，會遇見很多人，會說話、議論，偶爾還會爭執，吵架也不少見。為了勸架，又會有別人介入。

自己的行動能有所自覺，也知道自己的想法，但是，別人若不在自己眼前就看不到對方的行動。至於想法，只是看著對方的臉當然不會知道，因此與他人相遇，人們會說話、以言語來溝通，說明某些現象、獲得通知，對於某些發生的事，也會去問目擊者是什麼情況。

也就是說，即便是在自己的時間與空間中沒經驗過的事，也可以藉由與他人的相遇，獲得類似體驗。可以透過他人得知這點，可以說就是群聚最大的優點。聚集人數愈多，愈能提高收集情報的能力。

因為只要有一個人知道，大家就都會知道。

書就是運用文字取代語言的溝通。

結果，所謂的書，可以說幾乎與人相同。與書的相遇非常近似與人的相遇。藉由閱讀，就能與各種人相識。老師、朋友，又或者是戀人，雖會根據不同的書遇上不同的「人」，但幾乎都是「個人」。很多情況下，都是那本書的作者，又或者有時可以說是那本書的敘述者（主人翁）。

最近，沒有朋友、無法融入團體、老來剩一人的「孤獨」被視為一大問題。意思就是說，這些問題成為新聞。不過我沒有發覺到孤獨的人有在增加。因為回望人類過去的歷史，大多數人本來就幾乎不會和他人溝通。就算有溝通，對象應該也只是自己的家人、村裡一部分的人而已。沒有時代是像現在這樣，可以藉由網路聽聞許多人的發言、有許多人聽自己說話。雖然或許也有一種看法是，正因為今日的資訊過多，孤獨才被視為問題，但與其說那是單純因為想與人產生連結的反動，不如說僅僅是由於太過明亮，陰影才分外引人注目。

選書秘訣

選書這件事先擱在一邊。我認為，追根究柢選書就是選人，也就是說，近似於選擇朋友的感覺。就像是有沒有什麼有趣的傢伙呢？想稍微和那個人多說點話的感覺。在這種情況下，尋求的方向性會有兩個。

一個是「未知」。那傢伙好像知道我不知道的事，擺出一副嘻皮笑臉、很有趣的表情，一定是碰上了什麼好玩的事，告訴我吧。我們就是用這種感覺來選書。這個方向性在年輕時是主流，因為對年輕人來說，幾乎所有事都是未知。

另一個應該就是「確認」吧。想要一個朋友是和自己所思所想同一步調。

所以大致上想認識和自己有同樣喜好、同樣興趣的人。這樣的傾向最近特別顯著，雖然在網路上檢索很輕鬆方便，但很多人似乎都期望能遇見與自己合得來的人。同樣的，關於書，也是想讀會支持自己意見的。讀書，然後希望能獲得「沒錯、沒錯，果然和我想的一樣」這種結果。想藉由讀書自我認同，因為這樣的心理而選書。

分享一下我自己的情況，我完全是以前者來選書。會以後者來選的，大多是些感興趣的雜誌。一般書幾乎不可能那樣選，人際關係也一樣。我沒想過想結識具有相同興趣或意見的人。現在的夫人（特意使用敬稱）也是和我性格、興趣完全不相同的人，意見什麼的也完全不一樣。但是我認為，具有這些差異更重要。我認為，結識有著自己沒有之物的人，才正是結識的價值所在，不是嗎？

個人的感覺會因現在或成長環境而有所不同。正因如此，接觸到的其他人（雙親、家人又或者是鄰居、學校裡的人等）是什麼樣的人，我們應該也會受到影響。有人在他人身上看到自己所沒有的東西時會吃驚，那時的驚訝或許會成為其人生指南針；也有人在他人身上看到與自己相同的東西時，為那份共鳴感到喜悅，因而影響了之後的人生。不論哪一種都是正確的，我沒有說有哪一種是錯的。不過，最好要認識和自己不同類型的人存在。能有這層認識，也是因為就像你現在正在讀這本書一樣，會去聽不認識的人說話。

人與人之間的相遇，不會只停留在一人與一人間的連結。因為每個人都和多數人有所連結，若遇見了某人，也會遇見那個人的朋友。若是能做朋友，就也能和朋友的朋友成為朋友。書也完全一樣。讀了某本書後，會在意書中提到另一本書，就會有機會拿起另一本書。尤其若是喜歡的書，更會想讀相關的書。

若是小說，應該會繼續讀相同作者的作品。這就像是看著同一個人的不同面向一樣。不是只見一次，而是遇見好幾次，也想知道其過去與未來，感覺很像在「開展」那個人。

此外，小說以外的作品，因為讀了相同作者好幾本書，就算其論述有所改變，也能讀出其中的一貫思想。因為是出自同一個大腦的語言，當然會以相同的知識為基礎，以同樣的思考進行開展。這也類似於遇見一個人，花時間和對方討論、針對各種主題彼此交談的體驗。

也有不是相同作者的連結。雖然在文學作品中非常少，但在其他作品中，在論述過程中引用其他書是很常見的（雖然我幾乎都不引用）。此外，許多書籍都會記錄相關的文獻清單（我也幾乎不做這種事）。這些都像在呈現寫那篇文章的環境，可以說是「某人」的背景。因為讀一本書就像遇見一個人，如果很喜歡那個人，應該會好奇那個人身邊還有哪些朋友呢？讀書也是一樣的。而想見「某人的朋友」這點，正是讓人覺得有吸引力之處（雖然很少有，但或許偶爾會有）。

書不是被推薦才去閱讀

此前我已經寫過，與書的相遇就和與人的相遇一樣。因此所謂選書的方法幾乎等同於選人的方法，這應該很容易想像吧。

就人的情況來看，就算我們擅自選擇了某人，若對方沒那意思，也很難見到面。但書可以隨便我們選，對方不會拒絕。不論是多知名的人、有多大的名氣、就算是早就死去的古人、不知道是哪裡的哪個人，只要你選了，立刻就能見到。要說是輕易也是輕易，但能實現這點，還是要拜印刷技術以及網路等電子相關技術所賜，是直到最近才確立、普及的。

許多人會提出反駁說，書從以前就有了，網路是最近才有的。但是就日本來說，像現今這樣，印刷書籍於社會上開始普及，是進入明治（一八六八年）後，而且可以說，集合了許多書本、價錢適中、隨處都有書店、誰都買得起的情況，是從二次世界大戰後才開始。可以說是才幾十年前的事。雖然似乎有很多人還無法接受電子書這類新事物，但稍早之前的文庫本的封面也沒有彩色插畫，這類文庫本是超級新的東西，與電子書沒有很大的差別*。

綜上所述，選書可以想成是在選人。那麼具體來說，應該選誰好呢？

說白了，這真是非常困難的問題。常讀書的人、喜歡讀書的人，很喜歡推薦書給人，他們最想聽到：「有沒有有趣的書？」感覺就像是箭在弦上，只等著有人問了。若沒人問，他們會在網路上主動發言，還會在部落格中設置推薦

---

*日本以前的文庫本，除了體積小，通常封面、書背不會做特別設計，較為樸素，內文也幾乎是純文字。而最近有些文庫本變的比較有變化（有彩色插畫等）。

書專區，或是製作有趣的好書Best 100（百大排行榜）之類的書單，這類人實在非常多。

可是，我希望大家等一下。一般你在選朋友時會問：「我要和誰做朋友好呢？」會這樣嗎？會有人準備一份推薦的朋友Best 10（十大排行榜）名單嗎？我希望各位想一下，你是怎麼和現在的朋友成為朋友的？

那一定是在一個偶然的契機下，稍微聊聊天而開始的吧。相遇的時候，試著稍微聊下天，發現彼此還談得來，於是想再見面、聊天之類的。

我們經常會遇見很多人。大概不會有正在遇見的感覺。雖然只是錯身而過，或是稍微點個頭，或是交談了一下，若只是這樣的程度，一般不會說是「遇見」。可是，從這樣的機會中，也會彼此相識，變得更親近些。因為彼此都更靠近了，自然會成為熟人、朋友。

這不僅限於朋友，也有像學校老師那樣，由別人決定、被強制的遇見。即便如此，也要看是否適合自己才會改變親密度。像是雖然與某學年的老師不合，但卻會和下個學年的老師聊天之類。

與人的相遇，是否決定要因此構築人際關係，可以說是看個人的感覺，也就是feeling。選擇適合自己的人、對自己有益的人，有一些小判斷，都是由你「自己」做出的，像是好像很有趣、好像很開心、好像可以玩在一起、那個人應該能保護自己、可以長時間和那個人在一起等等。

選書的唯一原則

所以就和認識朋友完全一樣，我認為，自己選書是最基本的。

或許各位會覺得這種事很理所當然，但是，不，這樣的理所當然，其實頗難實現。尤其是網路急速發展的現代，可以在某知惠袋網站（奇摩知識網站）隨處可見這類提問：「請告訴我推薦閱讀的書」，大家都成了迷惘的讀者。我想指出的選書法只有一點，總之，書要自己選。只有這點而已。

不論是實體書店也好，網路書店也可以。總之，挑選有趣書籍的時間也是很重要的。不是聽人說才去讀，也不是聽某人推薦才去讀，要靠自己的判斷選書，這點非常重要。各位可以把這一點當成是本書的主旨。

關於這點，我曾在散文中寫到，也寫過這很類似於拍照的方式。照相機如今變成了電子式的，拍好後可以進行修圖，而且所有人都可以簡單拍出照片。但是，重要的是在哪裡拍？要拍什麼？這類「著眼點」。拍這裡、從這裡拍那個，若依樣畫葫蘆，總是照別人所說去拍照，就不是你拍的照片了。可以說你只是成為拍照機器。與此相同，照別人說的去看書，只是被動找書、被迫讀書，不是自己去看書、去讀書。

書要自己選，我雖絮絮叨叨地不斷寫到這點，但我認為，這真的是最重要的。

例如對孩子而言也是如此。最好是讓孩子自己選書。到了上幼稚園的年齡，亦即會說話的孩子，讓孩子自己選。大人絕對不可以說：「這個好像很有趣喔」。自己選書，可以說是讀書基本的意義。

那麼，接下來重要的是，要獲得那本書，必須自己出錢。若不是自己賺錢，這麼說或許很沒意義，但孩子的零用錢也是類似薪水的東西，所以大致來說，孩子的情況也一樣（不過，這點不適用於幼稚園兒童）。

若是自己賺錢，應該就會知道金錢的價值。要花多少時間、多少程度的勞力才能獲得，這就是「價值」的意義。與此交換而獲得的書，相對要犧牲自己的所有物，所以在關於前面所寫「自己選書」這點上的認真度就會不一樣。

我雖寫到，選書這件事是讀書的基本價值，但拿錢出來決定要交換的瞬間，才是重點。說是正式比賽也不為過。

不讀書中的內容就不會知道其有趣之處。因此不知道內容就買下一本書，說得直白，跟賭博沒兩樣。

不過也不是說完全都沒有資訊。若是熟悉的作家，就能提高命中率。此外有很多書會將大綱簡介寫在書封以及折口處，書腰上則有文案。最重要的是，書名應該會象徵內容（雖然也有很多詐騙的）。只能從這些少數資料、信賴度低的資料去做類推。

一開始或許多有失敗，但若習慣自己選書，將能逐漸學會類似密訣的東西。總覺得因為聽聞了有趣的東西，就能嗅出其中分別了（這樣的表現略顯誇張）。

所謂涵養為何？

接下來我還想寫一個重要事項。那就是，書有不有趣，亦即，是讓你想讀還是不想讀，其實無法做出這麼明確的判別。

若用極端的表現來說，不論是如何下乘之作，仍會有有趣之處，而不論是怎樣的傑作，仍會有讓人覺得無聊之處。這點會因人與書之間投緣的程度搖擺不定。

例如若過一段時間再重讀同一本書，會莫名覺得有趣，因為發現了以前沒注意到的有趣之處。或是相反，再讀一次以前記得很有趣的書時，卻會不可思議地覺得意外地無聊，當時到底是哪裡覺得感動？也就是說，就算是同本書，讀者的感想也會產生變化。因為人是活著的，所以這很自然。

若不去理會自己如此的變化，會更難以判別是有趣還是無聊。去尋找並閱讀了有趣的書，就能找出有趣的點；若是閱讀無聊的書，大部分內容都會很無聊。與其說是依據當時的心情，不如說是因為讀者的狀況與心態而讓評價大轉彎。

這些是我讀過許多人談到讀書而得知的。我自己首先是同一本書不讀第二遍的人，同一本書，我不曾有過不同的體驗。而且我讀書時，總會尋找有趣之處閱讀，挑錯的書非常少。一百本中沒有一本。我想，甚至可以說沒有一本書是讀完卻令我覺得毫無用處的。

或許是因為我不擅長讀文章吧。因為一定得花時間閱讀，所以會邊仔細思考邊閱讀。我鼓足了勁，盡可能想從中吸取能獲得的東西。喜歡書、不斷閱讀許多書的人，就這一點上，自然而然會產生差異。

我讀書時，首先會希望能透過閱讀這本書而重新改變自己的想法或知識，抱持著想受到影響的心情而讀，想著要坦率接受一切而讀。這一點在和人說話時也一樣。首先，我想被說服，想與對方的想法一致，我是抱持著這樣的心態來聽人說話的。我認為，以這樣的心態來接受，是對對方的禮貌。也就是說，我的想法等同於，聽人說話就是尊敬人。若是書，我就抱著「這一定是本傑作」的想法去閱讀。

結果，就算無法獲得新知、意見也無法一致，那也不是人或書的錯。本來就不是「壞」或「好」的問題。不過是比我所擁有的知識或想法更缺乏妥善性罷了。這也會因其他資訊而有反轉的可能性。或許只是湊巧我無法理解罷了。因為不是考試或審查，所以全都可以保留，不用在當下做出評價。我認為，這就是所謂的涵養。

如何閱讀一本「無聊的書」？

而且不論是什麼樣的書、什麼樣的人，去讀、去聽他們說話時，最重要的是抱持感謝的心。我認為這種心情很重要。透過感謝、尊敬，就能讓書本內容漂亮地留在我心中，溫柔發展，又或者是發酵，或許會開展成不一樣的事物。

例如，即便是認為錯誤的資訊或意見，只要知道有這些東西存在就是有意義的。此外，也有不少情況是會從錯誤的東西開始，產生出一些教訓或新想法。不論是什麼都能成為刺激、契機。若是如此，就應該感謝那場相遇。因為就結果來說，自己是有所得，是受惠的。

若面對的是人，偶爾會有在生理方面就不合的人。會覺得對方只是在自己身邊就討厭。可是，雖說如此，也不能責難對方。所謂的人際關係，彼此都有責任。就算有問題，原因也是出在彼此身上。不過若怎樣都無法忍耐，就只能遠離對方，選擇避不見面。

書也是一樣，或許在極少數情況下也會有這樣的合不來（我是幾乎沒這情況）。可是比起人，更能輕鬆將之拒於門外。只要闔上書就好，這樣就結束了，之後可以不讀。但很遺憾，買書的錢拿不回來，但只要拿去二手書店或拍賣場，或許多少還能拿回些。

不過，雖然可以簡單放手，若有著「不讀討厭的書」這種心態，最終一定是損失。

就算覺得很無聊，總之還是努力讀到最後。讀的時候雖然照樣覺得百般無聊，至少會獲得「之後買同樣的書時要慎重」的教訓。所謂同樣的書指的是同一作者、相同類型、同樣標題，又或者是有相似文案的書。

然而，即便是同一作者，這本很無聊，或許其他作品是傑作。同一類型的書，這本很無聊，但別本或許很有趣。只憑一本書，無法完全判斷。

最重要的是，無聊的書，最好可以找出為什麼無聊的原因。同時，因為見解不同，或許在某處沒注意到的地方也有有趣之處，需要付出金淘沙揀的辛勞，才能找出其價值。就結果來說，因為自己得到了成長，這明顯的就是一種獲得。

世上有「無數」的書。雖然其實是有限的，但個人能閱讀的量只有一點點。人生最多估計起來也不過百年三萬多天，就算一天讀一本，也只能讀三萬本。大致來說，日本國內平均一天會出兩百本新書。就算一天讀兩百本，也只能讀從現在開始出版的書，無法讀到以前的書，而且出書的國家還不是只有日本。

對一個人來說，不論是人的數量還是書的數量都是壓倒性的多數，所以相遇這件事的機率，可以說就是這麼奇蹟性。這麼想來，禮貌對待遇見的人、遇見的書，積極地試著找出收穫會比較好。

所謂的涵養與品格，就某種程度來說，是基於該人與周遭人士間的關係而形成。和什麼樣的人交往、受到誰的影響，這些是基本，不斷累積後就會形塑該人。與此相同，根據所讀的書，也會塑造涵養與品格。

書與讀書的未來

那麼，不讀書的人該怎麼辦呢？當然，這類人會從書本以外的地方學習、受到影響。不是只有書才是文化。周遭有許多人所創作的東西。不過，能像書那樣效率高、能直接傳達資訊與思想的很少。書的特徵就是在相同時間內能傳達出的資訊量是壓倒性的多。

當然，影像類，也就是用眼睛看的，資訊量會更大。不過，其中能在人類思考中被抽象化的，卻非常稀少，而且很模糊不清。試著用語言來表現看見的東西時是很清楚，但像是漂亮的人、美麗的風景這類影像，能夠傳達出多少資訊呢？

就記憶來說，語言似乎是絕對有利的（但關於這點，我不這麼認為）。許多人都是用名稱來認識、記憶對象，記得人名或地名等專有名詞。很久以前似乎就是如此，但之後會變得如何卻不得而知。因為人類在自己大腦之外，還另外設置了記憶裝置。就算不記得專有名詞，只要在網路上搜索一下，立刻就能調出資料。現在電腦以及手機已是必備品，但之後應該會逐漸發展成裝置在更貼身的眼鏡或助聽器上的機能吧。

書在這層意義上也是，之後應該也會改變樣貌，變成媒體式的吧。本來只有文字，後來加入圖片及照片，需要特別的技術，印刷上也要多花費用。例如彩色圖畫或照片，不只是印刷，也必須要選擇相應的用紙。至今，使用彩圖時仍有限制。全彩印刷，書的價格就會提升，這樣很難賣。

這是因為，書這個傳媒仰賴著「印刷」。電子書籍漸漸普及，這方面的限制或許在幾年後就會消失了。現在雖還有區別，將紙本印刷的書籍稱為「書」、用數位發布的書稱為「電子書」，但電子書每年都在增加，紙本書則在減少。我約五年前寫的書曾預測「在五年內，兩者就會交替」，但很遺憾，變化還沒有那麼急遽。

即便如此，也只是時間上的問題。我認為，接下來五年後一定會發生逆轉，或許會出現結束紙本書的出版社，或是雜誌、系列叢書。從前的時代是打手機取代了打電話，現在的時代則是智慧型手機取代了市內電話。沒看過市內電話的孩子以及年輕人增加了。二十年後，書也有可能變成這樣，像被取代的市話。音樂的唱片以及ＣＤ轉瞬即逝，書籍應該也會出現這樣的現象（雖然稍微緩慢些）。畢竟就各方面來說，電子書都比較好，也更有發展的未來性。

若成為電子書，書中的圖與照片應該會變成動畫吧。當然也會有聲音，所以書可以包含有音樂。電影中本來就有聲音與音樂，那為什麼小說中沒有音樂呢？實物明明會動，為什麼非要用靜止的影像表現呢？這就同於孩子的提問：為什麼明明看著天然色的東西，卻刻意要把照片弄成黑白的呢？這只是因為更靠近（回歸）自然，而非採用了新事物。

此外，因為可以編入程式化的東西，讀者可以選擇、制訂相應的內容。視情況，也可以隨自己喜好選擇故事。就像電玩一樣。同時，若能編入AI（人工智能）之類的程式，就能問書問題，書也會回答了，還能做心靈諮商。若是醫療書，應該能做簡單的診察吧。含有這些機能的，可以說就是未來的「書」。

應該也有人會疑問，這還是書嗎？的確，現今的書本形式將會消失。說起來，變化沒有一定要怎樣不可。「開頭」的概念會消失，或許會變成不知從何起始、結束的模樣，或許會與其他作品相連結，又或者是可以只利用部分，書應該會變成擁有這樣的柔軟性。若變成這樣，創作者的設計能力將備受考驗。

讓書成為「良師益友」

那麼，關於這樣的未來，「書」應該會非常接近「人」。不是一本書，而是由多本書，或是包含書以外的東西會形成虛擬人格，與使用者相處。這簡直就可以說是未來的「朋友」。

親切又聰明的朋友會傾聽你的希望與煩惱，成為與你一起商量、討論的對象。若有需要，也會教你做出具體應對。不論去到哪兒都會跟著你，和你一起成長。對個人來說，將會成為無可取代的存在。

或許有人會說，這聽起來很像科幻小說的情節。的確，要變成那樣還需要些時間吧。希望大家想一下，現在充斥世間的無數本書，正是要進化成「朋友」的「書」的根基。因為才剛出生，沒有身為「書」的自覺，所以還不能自主行動。然而，若能稍微補足那部分，書應該有潛力能充分發揮這項機能。

從這方面來看，若不是這種使用方式，書就無法變成朋友。因為說起書的機能，在現今，仍是依附在讀者能力之下的。

依附在讀者能力之下，最明顯的部分就是「選書」這個行為。以前最一開始的「著眼點」與「選擇」是很理所當然的行為，現在卻變得相當奇怪。閱讀社群網路連結所推薦的書、網路書店會為你選擇喜歡的書，是否已經有這樣「好管閒事的朋友」成為你選書的嚮導呢？

現在還只有「好管閒事的朋友」。「聰明的朋友」是從小時候起就和你一起成長才出現的。現在這點還沒有實現。所謂的科技，會優先投注在消費者集資中最優先之處，所以「好管閒事的朋友」無論如何都會先行。

該怎麼做呢？個人只能在自己心中培育「聰明的朋友」。很可惜，現在外部裝置還沒實現。但是，自己想讀什麼？自己有什麼樣的未來？自己想變成什麼樣的人？最確切知道這些事的，絕對是自己，為了這樣的自己，就要在有限的人生中，盡可能有效率地選書。

讀書從選書開始

但是，具體來說該選什麼樣的書呢？我似乎能聽到大家說，雖然一路讀到這裡，但還是摸不著頭緒啊。

針對這點，我的回答是，我也完全不知道該讀哪些書。過去，我曾經選了一百本書做介紹（《森博嗣的推理工作室》『森博嗣のミステリィ工作室』，日本講談社文庫）。那時候我選擇的觀點是有助寫作推理小說的書。當時我剛以推理小說作家的身分出道，所以我設想，讀這本書的人也是讀我推理小說的人。一百本中，我加入了約兩成非推理系書籍（例如《數學經驗》The Mathematical Experience），但出乎意料之外的，竟完全沒有任何批判性反應。雖然差不多過了快二十年，但最近似乎有讀者按著那一百本書在看書，而且在某處書店店頭也排列展示那一百本書。

其實這次的寫作，也就是關於本書的寫作，或許正是編輯們有所期待，期待森博嗣能為大家選幾本書（這點並不確定）。我透過來信與推特得知，有許多讀者有這樣的需要。

若身邊沒有值得信賴的「朋友」幫忙選書，自然會仰賴看來能信賴的人選書。介紹書給別人，或是想去讀別人正在讀的同一本書，是因為有一個願望——想要共有讀書體驗。這也可以說是種本能，是想要擁有「和自己有相同經歷的夥伴」的心理。

可是，就如同我寫過許多次的，讀書體驗，人各有異，他人所見不會同於自己。而且，正是因為描繪出屬於自己的世界，才是讀書的價值。世界是只有你所見之物所形成的世界。

因此，還是只有你自己能選書。自己為了自己而拿起某本書，自己選擇送給自己的禮物。讀完時，若覺得有趣就感謝自己；如果不有趣，就提醒自己注意，接下來要更謹慎。就是這樣，這就是讀書體驗。不只是讀書的時間，從選書開始就已經在讀書。就算一次都沒翻開書，單只是買書，單只是選了那本書，就已經是在體驗讀書了。

我的選書法

雖然我沒辦法寫得很具體，但稍微聚焦來看一下吧。

首先，若想閱讀「現在關心事項」的書，因為是想獲得資訊，目的非常清楚可見，因此可以先在網路上搜尋。在做這件事時，自然會列舉出恰當、相關的圖書選項，所以可以先試著讀一本書。

讀了一本書後，接下來可以試著讀另一位作者的書，這是為了獲得資訊的客觀性。即便是基於事實所說，不同觀察者的看法也大不相同。要關注哪裡、接受哪些觀點，在根本上就完全不同。所以應該要盡可能參考好幾本書，就算會有錯，也不要只讀了一本就概括接受，這點很重要。

但也有時候不會有什麼確切的關心事項。總之就是想追求新知識、想找尋此前所沒看過的有趣事物時，在這種情況下，我反而推薦可以直接投入不常接觸的其他領域，而非與自己所知相關的。這麼做比較輕鬆簡單，而這也是書本的優點。

這其實就是我的選書法。我雖然也會看一下書名，但很多時候，都是閱讀偶然拿起來的書，無關乎作者是誰。最近，各出版社都會寄送贈書給我，其中，除卻小說我全都會讀。小說和我現今的工作很接近，所以我不會選來讀。

若是非文學類作品，像是歷史、社會、人際、心理、政治、科學、經濟、八卦娛樂、運動、報導文學、採訪記錄等，我全都會讀。我會興奮地想著：「裡面寫了些什麼呢？」對不知道的事情感到興趣。

此外，我是雜誌狂，每個月都會買一本完全是第一次碰到的雜誌類型（約在兩年前都這樣，現在因書店較遠而無法做到）。無關乎性別、年齡，例如就算是手工藝雜誌、投資雜誌、武道雜誌、時尚雜誌等，若覺得散亂捲在一起、好像很有趣，我就會買來看看。有時候我完全看不懂裡面是在寫些什麼，但只是看著有哪些專欄、刊載有什麼樣的廣告就很有趣。雖然大多一小時後就會覺得看夠了。

這種「無作為」的選書法也有其相應的效果。選擇喜歡的事物，就像被已經存於自己腦中的所有物支配，換言之就是不自由。若是無作為，就能擺脫這種支配。

書的特別優越之處

我從年輕時起，就從事研究的工作。這分工作中最重要之處，一言以蔽之就是「發想」，亦即靈感。這一點在我成為作家後也沒有改變，至今我仍一直保有相同價值觀持續工作著。

所謂發想，並非計算後可得。因此並非蒐集資料、理解到此為止的經過原委、在既定常識中思考就能得到。反而與之相反，很多時候都要從無關的事物中進行聯想。遇到有趣之物，就要去思考、推導那是否能加以運用？這樣的想法是否適合？

因此讓別人看見多少自己的大腦是決勝點。為此，進入不是自己專業（也就是感興趣的對象）的領域，四下探索尋找是有意義的，這點很合乎道理。

當然，很多人是看著無關的事物而一無所獲，這點很理所當然。發想並不適用於效率。但是比起彩卷，中獎率高得多，一旦中了就會是大獎。至少以研究者或作家來說，最想要的就是發想。

或許不論是什麼工作都有這部分吧。不少人都需要追求點子、被催促要提出新提案。如果是不需要發想的職業，我想在不久的將來，一定會被淘汰，或是會被機械化、ＡＩ化。

人類無法隨機選擇、任意與人相識。但或許也可以，卻要花費時間與力氣，有時所花的費用並不少。但是，書很幸運地能在短時間內簡單獲得，而且在非常廣泛的範圍中，備有無止盡多樣的類型。再沒有其他商品像書這樣特殊，證明了人類智慧正如何拓及在各方各面，或是已經拓及之處。

沒有其他商店比書店陳列更多種類的商品。幾乎所有商店都是為了解決某種目的而存在，所以類型大致是固定的，但說起書店，放置的是被通稱為書的工具，內容分散，沒有任何統一感，世間存在的、曾存在的，不，連不存在的都有，書店銷售著這一切。像這樣，人類無限的興趣，埋在土裡成為化石般遺留下來的，就是書。

因此書的變化很豐富。想要活用零散豐富的偶然性，沒有比書更理想合適的。若想最大限度享受這恩惠，總之就是什麼都試著讀讀看。相信自己的直覺，單純因為封面上的書名就拿起來看看，這種態度很重要。

因為時間有限，我們實際上不可能什麼書都讀，所以只能以「看起來很有趣」的抽象判斷來篩選。這種選書法在於個人的直覺眼力。不可以挑選類別，首先要有參與各領域的意願。

避開暢銷書的理由

另外還有一點，這就我來說是特別明顯，雖然可以想像一般人無法理解，但我還是寫下來做為參考。

那就是，我會避開去讀人們正在閱讀的書。大家正在讀的書、宣傳賣很好的書、某處介紹過的書、人們推薦的書，這些我都不會讀。在書店也是，我會無視那些在平台上平放、有立牌特別宣傳的書。

我希望盡可能去讀沒有人讀的書。這怎麼說都是不太可能的，但我會去讀非常接近這標準的書。

藉由這麼做，能夠相對提高自己所獲得的價值。若是大多數人都能獲得的，我就算沒獲得，社會上也可說已滿滿皆是。總有一天，人們會輾轉告知我，此外，也不再有得知後的優位性。

一本書如果只有自己在讀，你就有可能比別人更占優勢，也能比人更早察覺發現一些事、更快展開新價值。我之所以這麼想是因為我身兼研究者與作家二職，追求第一才是原創。

這些書都位在書店很裡面，靜靜等在書架中，還沒有人抽出、翻閱過。這些書就有著這種明顯的氛圍。

當然古書店也很好。至於二手書店的書，雖都保存很新，但說起來因為是被某人剛看完的書，所以對我來說價值很低。若是古書店的書，或許很早以前被人閱讀過、讀的人可能早已去世。而在現今還活著的人之中，或許自己會是最先讀到的。單是這樣，就讓我有些雀躍。

當然，暢銷書是因其有趣之處才成為暢銷書，我沒有要固執地否定這點。一年我會挑三本，是因好奇現在是否還暢銷而拿起來看。然後就會想通：原來如此。這類書確實很有趣。不過，我往那方向延伸的觸角很狹窄，只限於暢銷書這狹窄的類型中而已。

往更廣闊的方向探索，就能發現對自己有利、有可能性的東西。我想踏入全新未開發之地。

這也可以說是一種投資，是對自己的投資。人人都喜歡的東西，不是好的投資。就算投資成功，也要多人均分，效率不好。投資必須瞄準現在看起來沒價值的東西、隱藏起來的東西、還沒有人發現的東西。

大方針就在此。

我還想補充一些。讀書除了是讓自己成長、投資自我的正面攻擊法，其他還有更和緩的目的。例如有稍作休息、消遣時間、消除疲倦、療癒、暫時忘記現實等這類方向性。我想，或許因這些目的而讀書的人占了大多數。關於這點，不可否認，我比較不傾向這種讀書。

我在以下情況是不會讀書的。以前是做手工、開車，現在則是打掃庭院跟割草。我想稍微消遣一下，若沒有稍作放鬆，就無法重新振作。我不懂為了重新振作而讓自己疲倦的意義，但總之，轉換心情這種東西是很必要的。若說像下午茶時間那樣就容易理解了吧。因人而異，有人會養成讀書的習慣，將之確實融入在生活中。

在這種情況下，首先只要用自己的直覺來選書，希望大家以此為大前提來進行。雖然難免會聚焦在自己喜歡的類型、喜歡的作家上，但若落入像是被人給指定閱讀那樣的境遇，也太過不自然且不自由。

不是說絕對不可以，例如有人會有欲求，在讀了書後想和他人討論書的內容。雖然我覺得那種心理很奇特，但也不是不行。若確實確定好目的，能實行也是好的。我想，這類人一定無法一路閱讀本書到此吧。

立志當作家的人，我給的建議

接著，還有一點。

想成為作家的人，若現在在讀這本書，有件事我無論如何都想告訴你（就文字修辭上來說，我寫的很像是「想說」這樣的欲求，但實際上只是稍微給點建議的程度）。

如果想成為小說家，就不要讀小說。如果想成為散文家，就不要讀散文。若想成為某方面的專家，應該要將目光放在別處。也就是說，就算讀小說，因為那已經成為了小說，就算從中有獲得什麼發想，也會接近於已有的點子，同時讀者也大多會有如此感覺。不論多喜歡那本小說，都不可以做為參考。

我認為，因為本來就沒那麼喜歡小說才會成為小說家。因為不論寫什麼，都極有可能寫出此前沒有的。例如森博嗣退休，有人想要接續繼承森博嗣的筆名，必須要徹底讀過、研究森博嗣的作品吧。但是，若不這麼做，或許有機會寫得出其他能與森博嗣互別苗頭的作品。不僅限於森博嗣，再沒有比已經有粉絲的作家還要難對付的了。

所謂市佔率，不是系列作品相同就能吸引人。只要原來的作家還在世，後起者明顯的會很不利。大家最好要注意這一點。

大致說來，我們都會讀自己喜歡的書。因為喜歡某個世界觀，閱讀當下會很有樂趣。這不是成長或投資意義上的讀書，明顯是療癒用讀書。或許也有人會挺胸說自己正因如此才讀書，但這不是能自豪之事吧。不，這並不壞，能各自去做喜歡的事，這就是所謂的興趣。但若是將此當成工作，對於自己將來要打造的新世界觀將會成為一大阻礙，是應該要避免的不利戰略。

「自由讀書」的樂趣

那麼，說起選書的狀況，因為網路書店及電子書籍的興起而大有改變。事實上，我們已經愈來愈無法做到在書店書架上拿起書並快速翻閱。

說起來，書店中並沒有放置全部的書。不論是多大的店鋪，都只會放「僅一部分」的書。在經常可見的大型書店中，頂多就是雜誌的數量很豐富而已。受歡迎的新書會進得比較多，所以不會賣完，可以說只有這點差異。

以這點來說，網路書店的商品很齊全，以種類而言絕對有利，要說什麼書都有也不為過。只要下單，隔天或後天就能送到。而且電子書還有折扣，還能積點（雖然我自己是過著與點數無關的生活）。以電子書來說，不管你在哪裡（只要利用網路）都能買到，當下就能立刻閱讀，而且讀完後還不需要找地方存放。

漸漸地，人們必然會轉換成去網路書店買書、改看電子書，實體書店一定會不斷減少。這麼一來，就不能站在店頭看書了。晃蕩地走過一個書架又一個書架，拿起偶然看到的書，我們將變得無法期待會有這樣的偶然性。

網路書店與電子書，也可以有近於站著讀的經驗。除了能看到其中一部分內容，寫在書腰上的資訊也是公開的。不過，讀者比較難以大範圍通觀到底有哪些書。今後我們應該也只能期待會出現有這樣規格的網路書店吧。

網路書店有一種機制是會推薦我們過去購買書籍的相關書籍。因為是從過去購買經驗分析使用者喜好，所以是一種活用大數據的基本商業法則。但這就像我前面寫過的，這種法則不適合在廣大的隨機中做選擇、在新範圍中做發現的讀書方式。最後人們會偏向於對「推薦商品」不再有一絲疑惑，變得不再按個人想法自由選書。

在網路上隨機找書並不容易，我自己會特別抽空去找。建議各位每天花約三十分鐘，務必不能指定，要籠統瀏覽，最好養成這樣的習慣。

除了書之外，我尋找模型作品的時間是每天一小時。我會從全世界的拍賣會、出現在知名模型店的委託銷售品中找到中古貨，又或者是回收物（半成品、壞掉的垃圾）。瀏覽一圈後大致上就會做出決定，我都是以「有沒有出新品呢」的網路漫遊（現在已經不用這種說法了？）感來瀏覽。

偶爾我會找到出色的東西，我有好幾次都碰上了寶物一般的物品。正因為有這樣很棒的體驗，我才會投資那麼多時間下去。

例如，若一天有一小時的讀書時間，也可以花同樣時間在找書上吧。找書、為自己選書，就是那樣重要。而且找書的時間對自己來說也是很有意義的。單只是找，就能看見許多特別的書。就算只是翻閱而不讀，也會讓人發笑，驚訝地發現原來也有那樣的事。單只是這樣，就能獲得許多發想。

我不會列出想讀的書籍清單（也就是所謂的口袋書單）。出版社送來的贈書，我雖會堆積個十來本，但都會依序閱讀。沒有一本書是我一直不讀卻放在手邊的。

也沒有書是我會想著總有一天要讀的。若想讀，我就會拿起來讀。這點除了書以外的事情也一樣，當然也是因為成為作家後收入增加之賜。想買的東西立刻就能買下，所以完全沒有現在想買的東西、以後想買的東西、總有一天要買的東西等。這類清單，我永遠都是零。

所以我經常會去尋找想讀的書。每天都持續尋找。這段時間也可以說是我讀書人生的核心。

我想不被任何東西束縛、想自由選書。任何人只要稍做努力，應該都能擁有這分自由。

所謂的自由，會伴有一份絕大的樂趣，這分樂趣是只有獲得的人才懂。

藉由讀書能獲得的東西，就是這分自由指引而來的樂趣。

第 3 章

閱讀文字的生活

我的研究員時代

在第1章中，我寫到關於從孩提時代到大學生左右的讀書體驗。之後我成為大學研究員，耗費了大半時間在研究上，所以沒什麼閒暇可讀書。不過我還是會犧牲睡眠時間來製作模型飛機，早上四點就出門到海邊試飛飛機。結束後我會先回家，接著出門工作，一天約有十六小時在學校。這沒什麼大不了的。我的工作時間約是從早上八點到晚上十二點。

我每天都如此，週末也沒休息。沒有節日也沒有休假，盂蘭盆與過年等大節日仍繼續工作。以現在來說，或許可說是黑心企業，但我並沒有被誰強迫這麼做，也不是因為有嚴苛的規則，只是自己想做才這樣。我所處的職場是要自己管理行程表，自己思考問題，用自己的方法思考，自己做調查，自己去解決問題。不論有沒有獲得結果，全都是自己的責任。

話雖這麼說，但也不能說是一直在研究室中面對著電腦。我也會適度休息，有時間時會到頂樓，愣愣地眺望著大海。我也會去研究生休息室看看漫畫雜誌。

而且因為研究室訂閱好幾本電腦相關雜誌，所以我也讀了裡面的文章。雖然是與研究主體完全無關的東西，但即便如此，我經常從中獲得某些靈感和發想。

我驚訝於：「現在有這種技術嗎？」「現在流行這種理論嗎？」因而成為我研究的動力。研究員的工作不是在固定題目上做探索。接下來要研究什麼？要著眼於何處？這些新的動力其實才是最重要的。

一般來說，到研究生為止，課題都是上頭老師會下達指示。老師會指導學生：「試著思考一下這個主題吧」。這真是大為受惠。正如字面上所說，是獲得了恩惠。研究生的程度，在於解決問題，而所謂的一流研究員，則是能找出問題的人。能夠自己找到主題，可以說是能獨當一面的研究員。

為了找到新問題，首先要從閱讀與自己專業相近的研究論文開始。回溯過去，調查世界上所有知識。這是主動閱讀所有文字而得到的資訊，不是誰來告訴自己的。電視與報紙也完全沒有報導（偶爾媒體會採用的研究，只是某人推銷的，所以一定會連帶考慮商業關係、預算申請等）。

研究論文發表於學會雜誌或論文集，保管於各科系的圖書館中，是由學校統一購買的。我會借閱這些論文，埋頭苦讀。空閒時間則閱讀電腦相關雜誌。論文是一半日文一半英文，但雜誌有九成都是日文。

世人多不善為文的原因

還有，因為在課堂上會分配學生給我，他們都會進行畢業論文的研究。此外，研究生因為寫碩士論文必須做研究。指導他們也是助教的工作。教授雖站在頂尖，但論文一類的，還是會先讓助教的我看過學生寫的東西，並做刪減修正（為了修正錯誤，我會用紅筆註記）。學生根據修正回去改寫，再提出給教授。

也就是說，我所修正的文章，會因教授的再度修正而喪失原貌。因此，我不是因自己的喜好或心情做修正，而必須遵守某些原則、基於客觀理由做修正。為什麼要這麼修正呢？因為必須將文章修改到「能夠明確說清楚」的狀態。

但我的國語本來就不太好，因此修正對我個人來說，可謂一項艱難的作業。畢竟要閱讀他人所寫的文字很辛苦，既不是印刷品，文法也亂七八糟，很多地方都搞不懂是在說什麼。每當這時候我就必須去問原作的學生：「你這句話是想說什麼？」然後才用紅筆註記修正。比起原本學生所寫的文字量，我用紅筆註記的小字更多，這種滿江紅的情況很常見。

這時候我會有所感，世間一般人意外地是被迫寫文章的啊。後來由於閱讀研究員文章的機會愈來愈多，例如在大學認識、在附近企業工作的研究員，或是大型建築公司研究級人員，看這些人寫的文章，我發現，文章寫不好的，不僅限於學生與年輕人，不論是稍微年長的，還是在公司裡稍有一點地位的，意外的很多人就文法上來說，都寫不出一篇像樣的文章。

這個傾向後來經過一段時間就消失了，所有學生都變得能夠寫出像樣的文章了。這很令我驚訝。我想，那是因為日本大學入學考試採用小論文做評分。

好好學習如何寫文章的人增加了。尤其為了進大學，學校及補習班都會教授這方面的Know How，所以這也是理所當然。以前學校所謂的「作文課」並沒有效果。

然而這也有不好的一面。以前就算有很多文章不知道在寫些什麼，但問過本人後，卻會意外地發現其中某處有令人意想不到的想法，內容上頗為有趣。雖然小論文考試之後的新學生很擅長寫文章，但所有人寫的都很制式化，研究不夠深入，只是把看到的直接寫下來。文章的措辭雖很老成誇張，卻完全沒有內容，有種不協調感。

要說哪種比較好，雖然一一去問不懂之處很勞心勞力，但就結果來說是前者。善於寫文章一類的，可以很機械式的進行修正，只要稍加訓練，所有人都能進步。重要的是著眼於何處、怎麼思考、寫些什麼等。

大學入學考試的小論文也一樣，最初雖有有趣的文章，但漸漸地，幾乎所有人寫的內容都很制式化。「環境問題就這樣寫」，就像這樣，是事先輸入好公式再來考試，所以只是把記得的東西全部吐出來而已。我不認為學生會在考試當下思考，這麼一來，小論文也就成為只是在考驗記憶力的考試（誠如前述，為了篩選錄取者與落榜者，或許會產生效用）。

詩比小說更易懂

說起當時的我，閱讀論文及雜誌時，都是獨自一人在自己的房間，不必在乎用什麼姿勢。與學生時代相比相差甚遠，不會有老師罵我姿勢很糟。我盯著電腦看的時間也是最長，但我能將螢幕拿遠點看。

畢竟成為研究員以來，我就不用一個人站在大家面前，雙手捧書朗讀。這一點是最令我放心的。從國小開始我就討厭那麼做，討厭得不得了。那是我最不擅長的，而且一直被心理創傷糾纏不放。

成為研究員後，我也有機會在學會等處發表自己的研究。但在這些時候，我不是閱讀大家都有的課本，只要讀我為自己一個人寫的文章就好，所以就算念錯了，也不會有人知道。而且只要把資料放在桌子或演講台上站著唸，就可以確保與文件有一段距離。這樣的條件可以說對我的眼睛是很有利的。

而且，我不需要「小抄」，完全可以即興說明。因為是自己的研究，所以自己最清楚。聽講的人沒有人會比我還了解。這麼一想，也就不怕會出現什麼不好的事了。

之所以討厭國語，總之原因就是必須在大家面前朗讀書本的行為。我實在是非常討厭那麼做，這應該也是一種心理創傷吧。長大之後，因為不再需要那麼做，所以可以說變得不再討厭國語了。

其實像是國中及高中教授的文法、古文，又或者是漢文*等，都是我喜歡的科目。所謂文法，是表示文章規則性的東西，雖然也有例外，但舉出類型、明確表示規則性這點非常有趣。我覺得好像沒有比這更不可思議的了。

因為語言是自然發生，不是事先決定好文法，再以文法為基礎而發展出來的。但是像動詞的活用等，卻具有明確規則，這點實在很令人驚訝。或許為了讓許多人共享語言，才需要這些「理由」吧。哪種說法才正確呢？出現這情況時，是否需要指出某種理由呢？

我喜歡古文與漢文的理由則非常明確。因為那些文章比收錄在日本現代國語課本中的文章還要有趣。

不論是古文還是漢文，首先最好的一點就是簡短。兩者都有現今使用的日語所沒有的影響，某些事物則是現今慣用語的典故軼事。古文中，隨想（也就是散文）很有趣，吉田兼好等讓我覺得很有幽默感。另一方面，我完全不懂

《源氏物語》有何有趣。所謂的小說，從以前就很無聊啊。若非運用極大想像力，在腦中描繪美麗人物，可以說是無趣之物。

我對漢文最感興趣。之所以這麼說，是因為很多時候我都深受其修辭所感動，而且還有押韻。語言能打動人，我能理解語言有這種力量。話說回來，我唸的漢文就是詩。文學的最高峰就是詩。小說則是將詩轉化為易懂的故事，讓大眾能理解。小說的「小」字，表示了這樣的淺顯。

從高中到大學，我都有在畫漫畫，但是那時候我還懷有一個野心，就是想將詩的藝術性採用至漫畫中。因為我覺得抒情性的漫畫實在太少了。漫畫比文學更重視故事性，而且所有受歡迎的作品都是長篇。短篇作品，只有搞笑漫畫或四格漫畫才大為普及。雖然也有例外，有一些有趣的短篇，但即便有狂熱的粉絲追隨，大眾似乎仍無法接受。

雖然閱讀的小說量減少，但我想，為了有助畫漫畫，所以讀了不少詩，自己也寫了詩。原創詩作很難，但因為著眼點與選用詞語必須簡潔有力，所以詩

＊漢文，日本學校會教導中國古文，稱之為漢文。

的優劣可高下立判。就這點而言，詩比小說更易懂。

雜誌創刊號的有趣之處

我二十四歲開始工作，成為研究員約十年，其間都持續著像這樣的讀書暗黑時代。會閱讀印刷物幾乎都是為了研究，也就是工作。

漫畫的創作則是在工作後約兩年就不再畫。我本來就沒想過以畫漫畫謀生，只是興趣而已，可以說是在幾項興趣中，最先掉隊的。說起漫畫，幾乎與我就職同時結婚的對象，也就是現在的夫人（刻意敬稱），比我更有顯著的才能，所以應該也有受此影響吧。我判斷，只要把該部分委託給她就好。

我在擔任研究員十五年間所閱讀的小說，幾乎所有都是翻譯小說，大致以懸疑推理類的比較多。不過，比起日本所說的懸疑推理，我閱讀的類型還廣了一些，最不一樣的就是不會出現偵探這種非現實性職業的人物。為什麼日本的懸疑推理都會出現那麼多偵探呢？我至今還搞不懂。明明不論是現代還是過去，都完全沒有實際存在過一個成為名偵探的人物。

這些作者包括席尼・薛爾頓（Sidney Sheldon）以及派翠西亞・康薇爾（Patricia Cornwell），當時這些作者都很受歡迎。前一位有著如電視連續劇般快速展開劇情的獨特風格，寫出了很「引人入勝」的作品。雖然遺世作品不多，閱讀時都很讓人著迷。後一位我認為是正統的懸疑推理。不過是以女性為主角，這點很新穎。其他還有湯瑪斯・哈里斯（Thomas Harris）等人也是，作品雖少，卻很有趣。他的作品幾乎都拍成了電影，所以他才變有名的吧。

當時的我，每當閒晃到書店，首先一定會去的就是雜誌區。所謂的雜誌，不時會出創刊號。我基本會無條件購買。因為創刊號的標題已經足夠有趣，經常會介紹未知的領域，編輯也會投注好幾倍精力，所以對雜誌狂來說，是不容錯過的。

當時正值日本經濟泡沫化時代，雜誌不斷變厚，還陸續出現流行雜誌、汽車雜誌等。當然模型領域也一下就出齊許多雜誌，不過因為種類繁多，沒有統一。這一點是日本雜誌的特徵，似乎每本都想做得讓所有人都能接受。或許不限制目標讀者，才是宣傳的有利條件吧。製作書不是為了讀者，而是為了贊助商。

潛心研究的每一天

一九九〇年代日本泡沫化正盛的時期，我正一心投注於研究。連電視與報紙都沒看。雖生了孩子，但育兒都是交由妻子負責。

我的工作屬國家公務員，雖說是助教，但是屬於上級職員（管理職待遇），完全沒有加班津貼。我的大學同學幾乎都任職於建築相關的大企業（也就是所謂的綜合建設），在商業現場活躍。我經常聽他們說，除了基本薪資，加班津貼可是多得很，沒有人像我一樣領那麼低的薪水。

由於最初居住的租屋處實在太狹窄，而且周圍環境也不好，所以孩子出生後，我們搬家到大學附近新蓋的租賃公寓。租金是之前的三倍。當時我的薪水加上育兒津貼一共是十五萬日幣左右吧。

其中有將近一半都花費在租金與電費上。過著經濟上很辛苦的生活。雖然因此無法外食，但我本來也就沒有外食的時間，我都是帶著便當去大學上班。只有晚上會在家裡吃飯，而且回去的時候都深夜了。

當時我沒有娛樂，但只有一點戒不掉——每天花三十分鐘製作模型飛機。

要說是有什麼決心毅力，或許就像是堅守最後的堡壘那種感覺。

但是就算這樣，也無法否定我給太太和孩子們造成了困擾。我完全沒做一點家事。太太縮減飲食費，也無法隨心所欲買想買的東西，孩子的衣服都自己做。不買玩具，也不買繪本（全家都一起看我買的雜誌）。正因為她如此辛勞，我才尊稱她為「夫人」。現在我也仍在贖罪中。

研究工作方面確實很有趣。首先這個時代有電腦這項新技術，利用電腦一切都能變成新方案。上一世代無法使用電腦，所以能夠運用電腦技術自然也是一項有利因素。

即將邁入三十歲時，我提出論文，取得了博士頭銜，幾乎同時也換了工作。雖然是回歸母校的人事變動，但我轉到組織更龐大的學系。因為創系歷史不同，實驗設備非常齊全。轉入這所大學的第二年，我就升等為副教授。

日本國立大學的教官（現稱教員）分為助理、副教授、教授三階段。升等是由教授們看業績來決定。就算是公開招募，大多也都是看候選資格決定。此外，雖說是升等，但薪水並沒有因此跟著水漲船高。薪水是依每年等級自動提升，所以工作愈久愈高（當然是有上限的）。薪水的增加幅度機制是，隨著升等連帶會提高。

等到孩子上小學時，生活上大致變得輕鬆。因為薪水加倍，也購足生活用品，要新買的東西變少了。

我自己的生活是完全沒變，一樣在大學研究室專心研究。不過與助理時期相比，增加了指導學生、參與大學、學會營運的相關瑣事，所以無法像從前那樣可以只顧自己的研究。這也是無可奈何的吧。

「書寫」的苦難

關於工作的壓力，我是到這時候才初次有感。工作雖說是研究，卻無法任由自己想做什麼就做什麼。壓力增加的同時，工作時間也隨之縮短，我想應該是減到了十二個小時左右吧。偶爾星期天會休息（或是服務家人，或是從事興趣），可是我不曾在大節日盂蘭盆跟過年時休息過，因為我不想在人潮擁擠時外出。

因此，自從邁入三十歲，我又多一些時間可以用來讀書。尤其是過了三十五歲之後，我每月都會讀一本或兩本書。有一半是小說，一半是散文或是非文學類的。岩波文庫很有趣，所以看到就會買來讀，但當時還沒有網路書店，而放置有岩波文庫的書店又很少，所以我很少有機會能遇到。

另一方面，因為成了副教授，所以有好幾次機會接受學會會刊以及專業性報紙委託而寫散文。一般我只寫些論文，或頂多就是些研究報告一類的文章，所以有新嘗試也很有趣。我試著寫了幾篇散文，只要想寫就能寫得出來，我就是有這樣的手感。至少比起閱讀，我對書寫還沒那麼抗拒。

藉由書寫，我試著稍微回溯了一下，大體而言，我從小似乎也不擅長寫字。讀幼稚園時，母親雖讓我練習寫毛筆，但才寫個三次左右，我就不寫了。因為實在太過無聊。而且我基本上根本搞不懂用毛筆寫字的意義。就孩子的思維來說，會認為那根本沒有幫助啊。

我左右兩隻手都會寫字，但沒有哪一隻寫得比較流利。使用筷子也一樣，所有動作我幾乎都是左右對稱。關於文字，不論是書寫順序還是樣貌型態，本就是為右撇子而設計出來的，用右手寫會比較有利，因此我會儘量使用右手。可是像是國語練習簿那樣寫直式時，用右手寫出來的字會被手摩擦到，很不方便，所以有時我會用左手書寫。畫畫也是，我兩手都能畫，但使用畫具時，調色版一定要放在桌子某處，所以這樣一來會受到限制。

但是我自己覺得不能老是這樣，所以念小學時，我會自行規定右手與左手的任務。寫字是右手。畫畫先用鉛筆打草稿，所以用右手，用畫具上色時則用左手。筷子用右手（因為在幼稚園時就被強制要這樣）。投球用左手，可是如果手套只有右撇子用的，我會配合換手。

現在我都是自然而然使用某隻手，但有時候隔太久，我就必須回想一下：「那個…我是用哪隻手做這件事的？」是的，現在也是，我經常會搞錯，例如直排書在畫線時，是要畫在文字的右邊還是左邊？橫排書畫在字的下面，若是直排書，我認為畫在左邊比較有統一感，不知大家覺得怎麼樣？

因為這樣，與其說我不擅長寫字，不如說我是覺得很麻煩。只要寫一下，手就痛。寫字的速度無法像大腦想的那樣快。若勉強寫快，字會潦草到之後自己都看不懂。

我唸書時寫長文的機會雖然只有作文一類，但工作後則不得不寫大量的文字。像是論文、報告書、申請書之類……。雖說是研究員，不只需要思考，工作中，閱讀文章、寫文章等一類具體作業就占了大半。

鍵盤這個工具

將我從這苦難解救出來的是文字處理器。文字處理器在我就職當時就已經有了，但卻是很初期的東西，列印功能不好。能印出漂亮文字的機器貴得嚇人。打字輸入的方式也很不成熟，現在的人應該很難相信，最初的時候漢字竟然是要用音讀輸入來選擇、動詞是先輸入終止形再做修正，與手寫方式剛好相反。之後這點有了改善，等到就職大約兩年後，我的打字功力就不比手寫遜色了。那約是我二十六歲的時候。

即便如此，印表機還是要一百萬日幣以上。購買電腦、螢幕跟硬碟也差不多要這麼多錢，而且那時代的文字處理機軟體還要十萬日幣以上，所以實在無法買來個人使用。我是用研究費買齊電腦的，印表機則由系所統一購入，大家一起使用。

這麼一來大為緩和了我書寫文章的壓力。首先，可以不用記住正確的漢字，不用一一查字典。什麼書寫筆畫順的，那到底是為了什麼而學的呢？我連想都不用再想了。

輸入是用鍵盤，其實小時候母親就買了打字機給我，因為母親認為那是工具。所以我從一開始就很習慣用鍵盤。我的工作主要是程式設計，基本上都是看著螢幕思考，打字快慢沒有影響。

書寫文章與說話有些不同。至少所謂語言的基本，就是為口說而形成，因此書寫速度必須自然去接近說話速度。由於大腦思考語言的速度，比說話的速度還快，若思考不比說話快，就會語無倫次。政治家等有時在回答訪問時就要特別注意這種情況，如果說話比思考快，不小心說了不該說的話，會造成失言，所以要用力動腦，說話不可以放鬆。

使用鍵盤自然能以比說話稍快的速度寫文章。若是用手寫字（特別是漢字），幾乎無法達成這樣的速度。手不是因為人類進化需求，知道以後有「寫字」這動作而被設計出來的。拿筆的姿勢對人類來說原本就是不自然的。一寫字，手馬上會痛，表示這動作很明顯不合人體工學。

與之相較，鍵盤至少是考慮到手部的動作而被製作出來的工具，可將十隻手指全都用上，以追求最大的效率。

一小時可寫六千字

不過，這裡有個問題。最初鍵盤上配置的文字是英文字母。那是為了要打英文而配置的。從前的鍵盤一開始曾有過好幾種配置，由於進行打字競賽時，人們自然會選擇打字最快的鍵盤配置。頻繁使用的文字是食指與中指敲打的範圍。不太使用的文字則放在小指處。

但是日文要使用鍵盤配置時，用的是羅馬字輸入，打英文字母。英文字母與常用日文文字出現的頻率並不一樣，例如羅馬字中常出現母音，會用到「a」，在鍵盤上位於小指位置，打起字來比較不方便。

然而我還是助理時，課堂上被分配到一個非常喜歡電腦的學生。他喜歡電腦，因此從大三開始就經常在研究室出沒。在大學研究室中，他也是選擇了有最多電腦的研究室。順帶一提，後來他成為研究員，變成大學老師。

這個學生打鍵盤時非常快速。他當然是不看鍵盤打字，還可以一邊和人說話，一邊打字。我雖然不會因此燃起與他對抗的心態，但也改變了自己原本的打字方式，切換成正式的盲打。約一個月後，我的速度就提升了二、三成。

幾年後，來了另一個學生，打字更快。他用的是平假名輸入法。藉由轉換輸入法，改成平假名。這時候，由於鍵盤對應日文的出現頻率，也開始配置平假名，所以首先能夠快速打字就是一大優點。若是輸入羅馬字，很多時候要打兩個字才會組成一個平假名，因此直接打平假名這點也是絕對的有利。

但是很遺憾，當時我因為有編寫程式設計的需求，又必須用英文寫論文，所以那個時候放棄轉換成用平假名輸入。直到後來成為作家，才覺得應該要轉換的。

以前還真是沒有先見之明。現在，我以一小時能打六千字的作家而聞名，但因為仍是用羅馬拼音輸入法，要是用平假名輸入法，應該能一小時輕鬆打一萬字。

總之，因文字處理器之故，寫作日文文章，有了劃時代的技術革新。日本第二次世界大戰戰敗的時候，政府原本似乎有個計劃是要將日文全改成用羅馬字來標記，當時沒有那樣做真是太好了。由於日文混合了漢字與平假名，寫起來雖麻煩，但辨識度很高，只要稍微看一下，能很快可以知道是在寫什麼。

此外，因為文字處理機和電腦的普及，書寫變得快速許多。相信全世界有不少國家也因為這樣的變革，許多人都能順利寫文章吧。部落格會在日本大為流行，這應該也是原因之一。

文章是為何而存在的呢？

那麼對讀者來說又如何呢？文字處理器和電腦對讀者來說也有很大的效果。因為學生交作業的報告及論文草稿都會變成印刷文字。至少不會有看不懂無法判別的潦草文字，這點就很令人感謝了。

語言的目的是傳遞與溝通情報。文字要對方能讀懂才可稱之為文字。以前在日本有被稱為「妙筆」的草字，讀的人必須是高手才能辨識，幸好，因為文字處理器的普及，這問題也就被解決了。

學生交作業而寫的文章，所內含的「邏輯」，要寫些什麼都是依照研究題目或課題所寫，因此自然備受限制。若是小說等故事，必須去想像發生背景、登場人物們的行動，所幸，學生寫來的文章還不需要想像到那地步。

即便如此，還是有很多文章不知道在寫些什麼。為什麼要寫這些意義不明的文章呢？我好幾次都這麼環臂抱胸地叨唸著。

所謂的文章，一定要先在腦中出現自己想說的事才寫得出來。自己要懂自己說明的事。但這部分其實意外地含糊，經常連作者自己都搞不懂。嚴重時還會誤判，或是在根本理解錯資料的情況下發想、思考。

即便如此，總之將自己想說的話直白寫成文章就能勉強完成第一階段，若非如此，文章這東西就不會成立。文章是從自己心中生出的產物，和存在於現實之物一樣（實際上是用印表機墨水標記的記號）。

從大腦生出構想的階段，首先對初學者來說是很痛苦的。自己腦中所有之物本來就無法條理分明，因為沒有文法等意識，只是模糊地想像。那些東西勉強逐漸變成文章，所以感到很開心，立刻想讓人讀讀看。學生們都高興說著「完成了」而拿來給我。

這時候缺少了一個基本認知，亦即文章是為了傳達訊息。在將自己腦中的東西形之為文的時間點，只完成了內部自我與外部自我間的傳達，卻完全沒有意識到，別人是否能夠讀懂那文章。剛開始寫文章時很容易出現這狀況。

優秀文章的條件

平常我們是用嘴巴發出的聲音來進行溝通。寫信、寫e-mail時頂多也不過是把那些聲音直接轉換成文字。若是簡單的事情，這樣就能溝通。大家的交談模式似乎會像是：「學校？」「嗨！」「能去？」「沒問題」「真假？」「還沒嗎」。

大家知道彼此的狀況，彼此使用的語言也大致了解，所以這樣就能溝通。這樣既不會成為文章，也沒有文法可介入的餘地。

可是若要檢查實驗數據、指出在實驗因素中對相關結果造成的影響，就不能這麼便宜行事。到目前為止，我們使用的都是非常熟悉的母語。對於要說明「為什麼」「為了什麼該怎麼做」應該要銜接一些詞語，但在一般會話中，現今很多日本人都不使用「てにおは」*，所以若直接寫出來，將無法傳遞出自己真正想說的意思。

---

* 這幾個字是日文中的介詞、助詞。

文章重要的是能讓別人理解的傳遞與溝通。在此，基本是要先設想閱讀的對象。

文章必須要排除自始至終都只有自己的觀點，從這個階段向前大躍進。這就是文章本來的目的。

例如，「對方會怎麼讀這篇文章呢？」若沒有掌握這個觀點，就寫不出易懂的文章。必須要知道對方知識與理解的程度，而且也要盡可能排除自己所寫文章被誤讀的可能性。

自己寫的文章在書寫當下，自己覺得非常易懂，這是當然的，因為自己的大腦已經了解，再寫出文字。但閱讀群眾的順序與作者相反，是藉由文字來了解作者腦中所想，所以寫作時必須注意立場相反。

不論如何閱讀、修改自己的文章，都很難確認那是否好讀？是否容易誤解？最簡單的就是放置一星期後再重讀。這是為了要完全忘記書寫當下的想法，讓自己變得不再是那時候的自己。

不限於文章，漫畫繪圖也一樣。畫完後即便覺得畫得還不錯，但過了幾天再來看，就會覺得草圖簡略，或是臉變得很奇怪。初學者都會這樣。因為沒有客觀的眼光可以看出哪裡奇怪。

剛開始一定要過個幾天才會明白，不久會變得隔天就知道，最後眼光會變成在畫完後立刻就能判斷，表示已經很熟練。畫漫畫的人，建議可以用鏡子看看自己畫的圖。圖畫變得表裡相反，使我們能夠客觀看待事物。畫得好的圖畫，就算用鏡子反轉，也一點都不會崩壞。

所謂善於為文，即在於是否能客觀閱讀、修改自己寫的文章，說到底，這是「觀點」的轉換能力。也就是即便是自己以外的人也能讀懂那篇文章，以架空人物的觀點也能讀懂那篇文章。

最初，讀者會是某個特定人物。以學生來說，特定人物就是老師。學生要進行訓練，以寫出能讓老師看得懂的文章。然而老師不是只用自己的觀點來看，還要檢查，確定即便是不特定多數人，是否也能讀懂這篇文章。因為這就是文章的最終目的。

如何鍛鍊寫文章的能力

如果知道自己的文章要寫給誰看，寫文章會變得極為容易。因為這很像信件，是談話的延長。會說話的人自然具備這種程度的能力，在大多數場合中，一個人的說話內容之所以風趣，是因為看著聽眾的反應在說話。以藝人來說，則是看著觀眾、感覺群眾的反應，然後些微調整說話方式。這就是所謂說話的餘裕。

但是這情況若在廣播或電視播放中，由於視聽眾不在現場，難度瞬間會提高許多。以文章來說，可想像是從寫信變成一般作家的狀況。不論是專家還是外行人，凡是寫作，就是針對不特定多數讀者在寫文章，所以在寫作的時候必須設想各種理解與誤解可能的情形。

對著實體人物說話，語氣能傳達訊息，還有肢體語言，伴隨著臉部表情，所以能避免誤解。但文章只是單純的符號，不可能完美預測讀者會如何解讀文字。但是即便如此，寫作時仍要儘量考慮各種可能性。不可以找藉口說當初沒想到。文章一旦寫成，就會成為資料永遠留存下來。尤其是在這網路時代，只要在網路上發表過東西，幾乎會永遠留存下來，不論何時，都會成為搜尋目標。

平時與朋友說話的用語也要注意，若將之直接寫在網路上，很容易會被誤解。

我舉一個特別極端的例子。這是約二十年前的事，當時網路ＢＢＳ很流行，我的朋友寫下一句：「哇，真讓人火大啊！（頭に来ちゃった！）」結果大家就問他「怎麼了？」「發生什麼事了？」尤其是在前一位留言的人，以低姿態問他：「我是不是有什麼冒犯之處呢？」

但是我看了朋友的留言後立刻知道誤解的原因。ＢＢＳ的頁面是自動切換的，而那篇留言的問題出在切換時機上，自己寫的東西會跑到最上面，所以那篇留言想說的只是這樣而已*。

寫留言的那個人，不知道大家感到很奇怪的原因。他回答：「沒啊，什

＊一般日文中「頭に来る」指的是生氣，但作者的朋友所要表達的是「留言跑到最前頭來了」。

麼？沒發生什麼事喔。」寫留言的人沒發現自己的文章受到誤解，他忘記了日文「頭に来る」一般指的意思，他的原意並非如此。

這樣的誤解對閱讀過許多文章的人來說，在某種程度上還滿常遇到的。覺得「奇怪？」接著重讀幾秒後會發現是自己誤會了。既有誤讀的，也有搞錯詞語意思的，還有搞錯文章段落的，因為有許多小失誤，對寫作者而言，很多時候，只要稍微修改一下文字就能避免誤解的情況。

日文的語順自由度較高，若句子中摻雜了好幾個主語及述語，就會難以搞懂，到底是哪個詞語在發揮功能。與英文相較，可以說是比較容易誤解的語言吧。

要提高寫文章的功力，總之要先書寫，要多寫。每天持續寫個幾千字，然後做修正。如果可以，請別人幫忙修正，但身邊正好有個能夠修正的人機率很低。而且若不是請比自己更有能力的人來修正，也沒有意義。

社會人士更需要寫作能力

我的情況是，擔任研究生和助理時，教授會幫我修正文章。

這是另一項非常詳盡、精確的做法。因為修改規則很清楚，所以很快就能理解吸收。為什麼要修改的理由也全都很清楚。這時候要這樣寫、那種情況要那樣寫，這些全被規則化，沒有模糊不清的部分。所以修改學生文章時，以教授告訴我的規則為基礎，可以一概適用。

升任副教授後，我採用自己的寫法，做了些調整，但直到現今，我文章的主幹，用的還是那位教授的方法。

成為作家，開始寫小說時，對我自己來說，當務之急是先將寫作規則明文化。有很多一般用語或文字都不會出現在論文中。我花了點時間在製作規則，像是該如何標記等。我記得，約是在完成最初十部作品時，我終於完成確立規則。一旦決定了規則，就能遵循規則而寫。規則不是最重要的，重要的是不要在不必要事物上猶豫不決。

這情況會因人而異。例如博士論文送審時，有一位從未來往過的教授給了我意見。例如某位老師說，「非常」和「很大」這類副詞沒什麼意義，請全部刪掉。當然這不是強制的。可是因為學術論文是要寫客觀的文章，不可以帶入作者的感覺，那位老師說的就是這意思。在這件事上，我真的收穫良多（相信他會說，這時候就不需要用「真的」）。

雖然不禁會傾向於對效果做出多餘強調，但很多時候，刪去這些，文章會比較清楚，因為剩下的詞語會產生重量。這就很像，比起多話的人，沈默寡言的人所說的話更有分量，有人偶爾一開口就是好話。從前認為男性就應該這樣，日本曾有過像這樣的文化，但這是很久以前的事了。

有人說，為了提升寫文章的技術，最好盡可能閱讀大量文章，但這樣的效率太差。至少要能閱讀大量好文章，這麼一來或許多少有些成效。可是即便如此，閱讀與書寫之間仍有很大的鴻溝。

所以我想，果然還是要盡可能大量書寫文章，才是讓文章變好的最佳辦法。音樂也是，光只是聽是不會變得擅於演奏的，也無法唱好歌。有非常多東西都是要透過輸出才能理解。

不斷輸出，自己會產生心得。只是大量閱讀是不夠的。由於作者所寫的文章必須是為讀者而寫的，受到制約，所獲得的成效，就是執筆時必須小心翼翼。若非如此，自己必須一再重讀，盡可能重複修改好幾次。

出社會後，寫文章的機會意外地多。寫作能力幾乎對所有工作都有助益。就算不當作家，能寫文章也很重要，比起任何資格都更有用，在工作場合會成為戰力。還是新人時，還可以有主管幫忙修改，但漸漸地不會有人幫自己修改。這麼一來，寫作技巧拙劣的人就會變得無可用之處了吧。就業後，要盡可能在很短時間內學會寫文章，這點很重要。

我想，這應該不限於日文，英文也是。比起英文會話能力，能讀懂英文、書寫英文的能力更為重要，因為能做到這點的人很少。就這點上來說，日文也完全一樣。說話能力其實沒什麼大不了。尤其菁英所追求的，正是文章的讀寫能力。

優遊自在的讀書生活

最後我想再多談一下悠閒的紙本書生活。

成為作家，獲得了出乎意料之外的收入，所以我早早退休了。雖然同時身兼作家與大學教師約十年，但兩者我都同時想抽身離開。因為我想搬到鄉下住，把時間花在自己喜歡的事物上。

我雖向大學提出了辭呈，但多年後仍辭不掉。因為要交接，我儘量不想留下爛攤子。此外對於作家的職務也一樣，希望能圓滿地、事前打好招呼，所以現在正一點一點減少工作。

我過著這樣悠閒自在的生活，獲得了此前未有的自由時間，把大部分時間花在最喜歡的手工上，製作各式各樣物品。但是我身體不是很強健，不太適合會消耗大量體力的作業。也是因為一直都做著辦公桌的工作，只不過去屋外走走就感疲累，是因為我的身體沒有習慣這方面吧。

雖然同時能進行許多作業，但很快就累了，所以休息得很頻繁。這時候，我大多會讀書。

到目前為止的人生，現在應該是讀最多書的時候吧。我閱讀的速度提升了不少。到了這年歲，可以說終於習慣了閱讀。

最大的主因是戴上了老花眼鏡。就像我之前寫過的，我現在的視力還是二・〇的遠視，老花眼鏡非常適合我。我買了十副老花眼鏡，這些眼鏡市面上到處都有在賣，約一千日圓一副，我買價錢最便宜也是度數最低的。我把這些眼鏡放在所有我會使用到的房間中，廁所裡有放，床頭也有放，工作室當然有放，還有車庫裡也有。

我大多是在書房讀書，如果是夏天，有時會在涼台或吊床上閱讀。我現在住的地方，夏天只有攝式二十五度左右，既沒有蚊子，屋外也有很多樹蔭，很是舒服，所以在戶外也可以盡情讀書。

當然，我讀的幾乎是日文書。雖然會定期訂閱幾本英文雜誌，但我只會看看照片、閱讀感到好奇的文章。我現在仍不擅長英文。尤其是看書時，這時候都非查字典不可。電子書在這點上就非常方便，還能全文翻譯（很可惜，經過翻譯的文章，比英文還更難懂）。

「廣泛閱讀」的好處

現今我仍喜歡廣泛閱讀多種類型、自己不知道的事物。年輕時，我模模糊糊地想著，總要縮小題目範圍來閱讀，但到現今這時候（還有半年我就六十歲了），我的興趣還是很廣泛。

該怎麼說呢？因為有不知道的事物是非常令人開心的。那就跟新雪一樣漂亮。踏入雪中，只留有自己的腳印，這樣很有趣，會因期待而滿懷雀躍，無法平靜。

也有人說，如此廣泛的讀書也可以活用在小說跟散文中吧，但我想這兩者是不同的。因為到此之前我都沒有讀那麼多書，也沒那麼博學強記。不過，因為廣泛閱讀，我倒是實際感受到能獲得身而為人的平衡，有種充實感，像是補足不足的部分，填滿了孔洞般。雖然現在仍到處都是洞。

到了這時候，我終於感覺到自己克服了一半孩提時對書本的厭惡。至今我仍無法順暢閱讀，而且書寫的時候，若是用手寫，每行字明顯會有三個錯誤。因為大致上，就在我身旁的夫人會看著，並指出「試著再重讀一次看看吧」或是「看吧，錯了」。

我沒有習慣把書放到書架上。歷年來的書房中，始終都沒有書架，但在最新的家中，我把一整面牆壁做成了書架，擺放著自己的作品（這是粉絲俱樂部幫忙的成果）。可是我從沒從中抽出書閱讀過。就算自己的書出版了，我也從未翻開過一次。因為自己的作品經過修正，也讀過校樣做了校正，所以再也不想讀了。

除了出版社送給我的寄贈樣書，其他書我全都是閱讀電子書。紙本書讀完後我就丟了，不會積存下來，所以一直都不需要書架。

不過，出版社送來了好幾本自己著作的樣書，我堆著堆著就成了可觀的量。現在，這些書都在地下倉庫中龐大數量的紙箱裡沈睡著。丟掉也可惜，話雖這麼說，又不能拿去賣……。

第 4 章

輸入與輸出

我不會用語言思考

誠如前章曾提到過的，閱讀文章與寫文章完全是相反的行為。閱讀是往頭腦輸入，書寫則是從頭腦輸出，閱讀的文章與書寫的文章能用眼睛看見，是存在於現實中的，相對於此，存在於大腦中的事物，不僅是別人的，連自己腦中到底有多少東西都無法確切認知。因此不論輸入還輸出，都不可能像影印機那樣複印。此外，腦中所有的事物印象，因人而異，各有不同，若與他人討論這些，應該就能簡單想像吧。

依據文章的類別，在腦中造成的印象也會不同。以故事來說，文章雖只寫一部分，但腦中卻有著如電影般的動畫，或是偶爾會使用像是紙芝居（連環畫劇）來呈現靜止的畫面。電影與靜止畫的解析度應該也會因人而異。同樣的，用文章來寫故事時，一開始在腦中的形象是到什麼程度，也是因人而異。

我們無法窺看別人的大腦，就我來說，若能簡單地用數量來理解，就會在閱讀文章時，在腦中做出一百倍以上的想像。雖會因物而有差異，但若有需要，我會膨脹想像到一千倍左右。同樣地，要將腦中的影像寫成文章時，只有百分之一、千分之一會成為文字。就算想要多寫，全部寫完可會沒完沒了。因為無論多少都能寫。

即便不是故事的文章，只要是在講述事件，就能做出想像。此外，除卻這些，像是個人想法，也就是記述邏輯的，就我來說也還是會如影像式開展。這時候，因為是比故事更簡單的影像，有座標，所以會變成幾何學式的空間，又或者是像設計圖那樣的世界。

邏輯就是語言，所以我知道，很多人都無法產生想像的影像。我聽過好幾次這種話，理解這類人是比較多數派的。也就是說，很多人主張「人類是用語言在思考」。但很遺憾，我並非如此，或許對慣用語言思考的人來說，這是他們所無法想像的。

我的情況是，即使是用來表示抽象概念事物的語言，也會用圖形來想像。一些像是樂高積木所組成的影像（動畫），會在我進行邏輯性思考時出現在腦中。雖大致很像立體空間，但可以隨喜好彎曲，也可以做出現實中做不到的變形。

數學也一樣，我會把數字想像成線段長度，把線段放在座標上，計算加法是把線段連接起來，計算減法是把線段並排再剪掉。也就是說，我是用幾何來想像數學的代數。

慣用語言思考的人，應該可以理解數字也是語言吧。我對這些人究竟是怎麼做計算的感到很不可思議。或許就是像九九乘法表那樣，當成語言，背下結果吧。

累積知識的意義

那麼，我們回到讀書上。平常，藉由讀書可以將各種事物輸入大腦。稱為「知識」的資料很多，將許多這些資料儲存在腦中倉庫的人，稱為所謂的「知識分子」或「博學者」。

就像用「行走的字典」來形容什麼都知道的人，若能立刻展現出記得的知識，就會獲得周遭的尊敬。至少到目前為止都是這樣的。這些人會被稱為「老師」，渴望受到「老師」教導的人會群聚而來。

但是字典終歸是書。字典不會走路，不是活的。所以使用字典的人，必須運用語言文字進行查詢。查字典可依照發音的規則，若至少能知道唸法，就能查到意義。國語辭典、百科全書跟中英字典等都是這樣（英文不是用唸法，必須要知道拼字法）。

以前的字典應該沒有像現代這麼普及吧。編纂很困難，也沒有印製完成方便配送的技術。所以「行走的字典」這類人被視為珍寶。

話說回來，為什麼要將知識輸入大腦呢？為什麼非得記在腦中呢？那是因為有時無法立刻翻查字典，如果周圍環境無人可問，知識就有儲存在腦中的價值。現在大家都有智慧型手機，什麼都可以輕鬆搜尋得到，所以降低了這分價值。

或許有人會說，即便不努力記住，只要買字典帶著不就好了嗎？許多依賴網路的現代人，看起來似乎都是以接近於此的方式在生活。

但事實並非如此。記住知識的意義不單只是存取知識這點而已。運用大腦思考時，可以用到這些知識。若要長時間仔細思考，必須向外界找參考資料，確認是否有用，也可以問人、和人討論，但若是一個人用腦思考時，就無法這樣仰賴外界。那麼什麼時候會一個人用腦思考呢？

「尋找靈感」的時候。

發想事物時，每個人的大腦會湧現出某些東西，而不會是輸入。不過，也不能立刻轉換為語言丟到外面，而是類似於輸出的前置作業。像是想出有趣的點子，或是想到解決問題的頭緒。這時候難道是完全從零的狀態突然靈光一閃嗎？並不是這樣的，而是現在或過去輸入的東西存在於大腦中，互相發生連結，才突然產生出新東西。

一般來說，所謂點子豐富的人，對什麼東西都感興趣，很多人都是好奇心旺盛。這是因為他們平時就很積極輸入。不過話雖如此，若要說大量讀書就能湧現新發想，似乎也不是那麼簡單的事。或許走過一定長度人生就會知道這些吧。

總之，因為隨時能檢索而不將知識記在腦中的人，不會有這樣的發想。果然還是因為具備自己的知識，或說是從那知識中自行建構一種理論，才會產生發想的。就這意義上來說，把知識記在腦中是有意義的。除了考試會出，或是可以將知識告訴他人這類原因，記在腦中的知識也會成為人類重要能力之一。

此外，所謂的發想，很多時候都是來自於聯想。這並沒有直接的關連，只是莫名地就從相似之物中引伸而出。由於當下受到外界刺激，產生「有沒有什麼類似的事物」的想法，因與這類情形連結而引伸得出。我覺得，在人的大腦中，這樣的情形應該經常出現。

「好像在哪裡有與這相同的事物」這類既視感，就類似靈光一閃但還沒來的及抓住的感覺。因為那一閃而過的靈感，並不會立刻形成為語言。因為沒有形成，所以會覺得「好像似曾相似……」。雖知道想到了，卻難以提出到底是想到了什麼。這就是視覺情境，或更進一步是別的感覺（例如嗅覺）。也有情況是單只是相似，覺得「沒錯沒錯，就和那時一樣」卻結束的，這種情況反而比較多。又或者是，不論怎麼想，都想不出來，亦即錯失了良機。就像想不起作過的夢，明明曾確實在自己腦中浮現，卻如輕煙般消失了。

可是，偶爾也會有「搞不好可以用那個方法？」或是「這是不是和那個有什麼關係呢？」的情況，若從這當中去思考，最後就能摸索出新點子。單是想到，就只是點子而已，至於派不派得上用場，不經過實際嘗試、稍微做點調查，又或是不經過計算確認那是否為正確，否則結果都不得而知。然而也有自己無法確認的，沒有知識，就不能判斷能不能用。可是在這階段，也可以尋求他人的協助，或是利用電腦。

讀書的效用

那麼，是什麼樣的刺激才會造成聯想的契機呢？其實有各種各樣，話說回來，或許只是一些原以為無法感受到刺激的瑣碎事物。其實我認為，一個人對於事物是敏感或鈍感，會決定是否能啟動聯想？還是就這麼錯過了。

平常人們不會經歷這麼多事。在自己生活或工作範圍內，每天幾乎都沒什麼變化。若偶爾去旅行，會感覺像是有刺激的輸入，那是因為和平常生活不同，換言之，那些輸入與自我平常的資訊有很大的距離。這裡說的距離不是長度的意思，而是不同的知識、興趣等。

身處現代，就算不去旅行，也可以透過電視或網路連接全世界的資訊，所以能任意選擇遠離日常的刺激。但像是電視，若每天、每週都看同一個節目，無所事事地打發時間，最後還是會變為日常。若成為了日常，刺激就會變薄弱。一旦變薄弱，也許能有自覺。可以說，正是因為「啊～沒有什麼有趣的東西嗎？」這種想打哈欠的感覺，正是發動好奇心的根源。

引發聯想的刺激，依靠的是遠離日常輸入的量與質。而我認為，作為這類輸入最有效的，或許就是讀書。

當然除了讀書之外還有其他方式。就我的情況來說，觀察大自然、動手做手工等也幾乎有同樣的刺激。但這也有個人差異。坐電車眺望流經車窗的風景時，各種回憶、眼睛所見的各種事物、街道與村落、看板招牌、人、建築物、地形等都能成為刺激。

但是，對所有人都適用、有效果的，我想還是讀書。因為書的內容是從人類大腦產生的語言，是人類智慧結晶的集合。書的裡面有遠離日常生活的機能。只是打開書，開始閱讀印刷字，瞬間就會覺得能行去遠方。既容易打發時間，也能看到自己以外的他人視角，還能得知未曾經驗過的情感，追尋他人思考的軌跡。

閱讀艱深書籍時，有時會看不懂，雖然可以用解讀文章的方式，了解每一個詞、每一個字的意義，卻不見得能夠跟上邏輯理論的開展。「到底在說什麼呢」，有時會因為看不懂而再三重讀。

能體驗到「不知道」這件事，也是書的特徵。例如小孩子讀相對論的書應該讀不懂。但是不要灰心，因為我們知道自己「不知道」。單只是這樣就有閱讀的價值。因為得知在這世界上，有自己不知道的事。理解了雖認識某些事物，卻不知道其中意義。若沒有這些認識，就不會想要唸書。我們因不知道而想要知道、想要靠近，便能獲得寶貴的動機。

一般來說，孩子不會遇見愛因斯坦。當然，愛因斯坦已經不在了，就算在，也不會特意遠道來訪，與孩子會見面說話。但若是書，所有人都可以閱讀愛因斯坦所寫的書，這就是書最厲害之處。該怎麼說呢？應該就像是幾近奇蹟般的機會。

雖然不知道但好像很厲害，大家是否會有這種感想呢？明明不知道，卻知道那很厲害。人類的這種感覺實在很棒。今後，ＡＩ會變得很普遍，人們會發展高科技，使ＡＩ更接近人類的頭腦，但可以想像，要讓機械能理解人們所感受到的「厲害」，還需要很長一段時間。

大概因為ＡＩ沒有不懂的事，所以不會有「不知道卻覺得很厲害」的感覺吧。還是會和人一樣，當ＡＩ知道自己「不知道」，會想要學習感受「厲害」

嗎？

閱讀不要拘泥於文字

到目前為止，就輸出來說，我們從聯想、發想的面相，指出了讀書的效用。這些都是遠比知識還重要的東西，所以大範圍讀書是有意義的。雖然在自己興趣範圍內徹底深究知識很重要，但再更進一步觀察無關的事物，也是很有意義的。因為最後產生的價值，將會轉變成自己感興趣的目標。

關於期待藉由讀書能有所聯想或發想時，需要注意的點是要慢慢閱讀，不要速讀。不要只停留在文字或文章上，要在大腦中充分「開展」其中的想像。最好盡可能安排時間閱讀，慢慢讀才是好的讀書方式。

閱讀時雖然會想到別的事情，無法專注於讀書，但這並不是什麼不好的情況。因為既不是為了學習或工作而讀書，也不是為了競爭而想要搶先讀完，所以完全沒有理由必須要專注。

偶爾也可以中斷一下想些別的事。若是想到了什麼，就放慢速度，好好思考。若發現文章沒有讀進腦中，只要稍微收回心神重讀即可，沒有什麼損失，反而認為因為讀了兩遍而獲得收穫，這種想法才是正確的。之所以讀不進腦中，一定有些原因，試著去思考看看吧，找到原因應該才是重要的。

有很多人讀書時喜歡寫註記，或是在文章旁畫線。年輕時，我常會用原子筆畫線。此外也會把想到的事寫在書頁上。雖然有很多人討厭在書上寫字，但那是我自己買的書，所以沒問題。這一點在電子書來說也有同樣的機能。

我也會把書頁一角折起來（稱為折角）。我會將與那頁做出的聯想契機寫在上面，或是會想告訴某人有篇好文章，而這樣比較方便我之後查找。

這種反應在某種意義上可以說就是輸出。閱讀時明顯的是輸入，但想將其中的內容用在別件事上、想告訴他人、想留存給未來的自己的行為，就是往外輸出。

讀書會想到許多事，或許在國中、高中時代的學習也是這樣的吧。最重要的課本內容一點也沒讀進腦中。這時候，藉由將課本上文字照抄在筆記本上，就能留下記憶。有一種學習法就是這樣。這對我來說沒什麼成效。雖說寫下了，卻一樣記不住。可是，我所有朋友都這樣做，學校老師也這樣教，所以看來很多人都傾向這麼做。

就我的情況來看，我發現，成為大學老師，開始對學生上課後，因為會對人說話、解釋，就會留下大量的記憶。也就是說，我藉由教學而能記住。就算沒有進入聽課學生的腦中，但對於說話的老師來說是非常有效的學習。若是一般人，應該也有經驗是和人說過話後就忘不掉的吧。

很不可思議的是，做了輸出，那些資料會更堅固地留在腦中，成為一種可用「印刻」一詞描述的狀態。我想像著，藉由輸出以前輸入的東西，就能把大腦倉庫中的東西移到其他位置。說不定是因為移動到了出口附近，才會成為日後能立刻拿出手的資料。

寫筆記有意義嗎？

因人而異，有些人會強調筆記的重要性。總之就是要寫筆記，總是拿著手帳，什麼都要做筆記。似乎藉由這樣，就能整理記憶，提升工作效率。

但這一點卻無法套用在我身上。我是幾乎不記筆記的人，寫作的小說情節也不做筆記。不論是詭計還是笑點，我都不會特別筆記下來。不過或許在我腦中有像是筆記類的東西。我稍微有這種感覺。準備上課時，我會想著講這個和那個。這會在我腦中如做筆記般，伴隨有影像。

我夫人去超市買東西時會記筆記。我身兼司機與搬運工，經常會陪著一起去，但我夫人頗常會忘記她的筆記。很多時候她都會把手伸進包包中，然後驚慌地說：「沒有！我沒帶筆記！」我會想：「都記筆記了，應該有記住吧。」但她說，要買的東西有五項卻只記得三項。

或許反而是因為記了筆記才忘了吧。就算是拿出至外部的輸出，也要像這樣寫下來才會安心，但這樣一來，腦中的資料不就會消失了嗎？

因為這樣的狀況出現太多次，所以我就傳授她記憶的方法：「首先，記住數量，數一下必買的東西有哪些，然後記住那個數字。接著在腦中想像那些數字。」夫人是插畫家，應該很擅長畫畫。話說回來，她的筆記有一半以上都是畫。結果她說：「我記不住那個數字。」我雖跟她說：「既然這樣就畫出數字的畫。」但之後她的回答很含糊，最後結果如何，我也沒去問。

閱讀許多書的人，會一一在網路寫感想做輸出。這麼一來，就會留下自己的閱讀記錄。不過雖說是感想，有九成以上都是大綱簡介。也就是說，之後只要讀了這些大綱簡介，就會回想起：「啊啊～我讀了這本書啊。」

似乎也有人完全忘記讀過了，又再讀同一本書，而且讀到一半了都沒察覺，似乎一直讀到最後才發覺：「這本，我好像讀過了。」會忘到這個地步，大腦都變成揮發性的了吧。話說回來，似乎也是因為沒進入大腦的關係。

其中也有人寫到：「因為忘記了，能以一片空白的狀態去閱讀，這樣真幸福。」這類人是著重在閱讀時神遊的讀書人，我認為，也的確是有像那樣的讀書法。比起體驗，更像是拉開點距離來看的暫時性記憶吧。

可是若是這樣，還是不要在網路上留記錄比較好。因為會被人認為，你真正的想法是「不想忘記」，才會留下記錄。

把讀書心得寫在網路上的意義

關於網路上讀書心得的輸出，似乎首要目的是告訴他人：「我讀了這本書」。這麼一來，就像是在跟人說自己能談論那本書，已準備好可以討論了。

這類人似乎也強烈希望能遇見讀同本書的人，是在追求共鳴。

如果想獲得共鳴，我認為應該要輸出更多「心得感想」比較好，但大家似乎都不太談論這部份。只寫出哪裡好、哪裡令人印象深刻這些「地方」。

其中也有人會摘錄書中文字，大量複製、列舉在部落格中。或許這也是等同於畫線作業的一環吧。之後自己會再讀那部分，是想回憶當時的心情吧。但是我擔心，記錄的不是心得感想，這樣可以嗎？雖然這些人或許有能記得的自信，但這個行為怎麼看都很矛盾（順帶一提，像這樣摘錄文章上網公開的行為，是違反著作權法的）。

接受輸入以後，人們會輸出感想，這樣的行為不僅限於書本。不論是電影、動畫還是音樂，全都一樣。可是關於書本的感想文有一個特徵，就是會以同於輸入的方法輸出。亦即，輸入文章就會輸出文章。

例如若是音樂，會用曲子來表現聽音樂的感想，或是唱歌來表現（現實中若有人這麼做，應該會很顯眼吧）。要將看的電影感想拍成影片，或許可以用現在流行的YouTube，但那應該也只是在攝影機前說話的影片而已（文章也是同於此的形式）。

在此，書本讀者與書本作者很接近於輸入方與輸出方。讀者在寫感想文的時候，或許也會無意識的覺得，自己也可以寫些散文，搞不好能寫部小說。

漫畫是更為靠近於此的。只要有紙跟鉛筆，任何人都能畫漫畫。至少能畫出角色的臉。或許無法畫得很好，但還是能畫。全日本早在半世紀以前就有在製作漫畫的同人誌，也是因為製作起來方便。畫本來就不像文字那樣是數碼，複印技術與傳送方法的難度都很高，但現今已解決了這些問題。

繪畫是如此，音樂也不是能輕而易舉模仿的。最能模仿的就是主唱。因為卡拉OK在轉瞬間就滿地開花。若有喜歡的歌曲，就想自己唱。藉由歌唱，那份輸入的感動會更確實成為自己的，大家一定有這種感覺吧。

就像從這些其他類別所得知的，接觸到藝術作品的感動，基本會朝向一個方向昇華：想模仿、自己也想試著做同樣的東西。大家應該看過或經驗過，年幼的孩子訴說著希望人家讓他自己做好所有事。我想這應該也可以說是人類所擁有的共通欲求。

因此，用輸出來表示接受輸入的感動，本來的起源就在於此。

只不過，書寫文字剛好是最方便，而且也是在小學就教過的適當題材，所以這就是感想文的由來。若是現今的孩子，或許會用舞蹈來表現快樂，那才是他們更熟悉的。

此外從溝通角度來看，過去想連繫在遠方的人只能寫信，所以寫文章這件事，從孩提時就是被要求要具備的一般能力。在學校學習的，就稱為「讀寫」。

讀書心得是沒有意義的

那麼所謂優秀的讀書心得感想，究竟是什麼樣的呢？

小學時，我寫過好幾次心得感想。暑假的指定閱讀圖書要求一定要寫心得感想。我雖然很想不讀就寫，但若只抽象式的寫出自己的感覺，老師會說，要寫出更具體的內容、要標示出在哪個部分是這樣想的。

這麼一來，很難不看書就寫出心得感想。在這種指導下，首先必須寫出內容（若是小說就是大綱），我想像著，或許現在充斥在網路上的讀書心得，就是出自深陷這種強迫觀念的人。因為普遍情況都是這樣，所以我想他們一定都被這樣指導的。

這麼說雖然很失禮，但我有個疑問，亦即，就算是小學老師，他們又有多了解文學的價值呢？他們都有各自專長的領域，說不定也有人是幾乎不看書的（這種人的機率還比較高）。所以我強烈覺得，他們自然而然就承繼了像是「心得寫法」這類型式上的東西，一直延續至今。

實際上雖有「心得感想文」這名稱，但總之就是寫出像是「讀書報告」那樣的東西。「報告」也就是「report」，出社會後在各種工作上都會被要求要寫，所以可以看做是職業訓練的一環。就這層意義上來說，是小說就寫出大綱、是懸疑推理就寫出詭計的結局，揭示閱讀的證據才是正確的。若只有一個人經歷過，也要讓其他沒經歷過的人能獲得等同的效果，換言之就是共通的經驗才是報告的意義。不放過最有趣之處、最驚人之處，囊括所有令人覺得很有趣、很驚奇的部份。

這麼一來，就和網路上所觀察到的，想通過讀書與他人產生連結、想尋找讀書的朋友這類指向不同。若希望別人讀同一本書，一定要避免在網路上爆雷。若是把最有趣的地方、驚奇之處寫出來，就會讓下一個讀者的體驗告吹。

或許各種讀書的指導方向、心得感想的結果，會修正個人軌道——「要寫出自己的感受而非大綱」，於是文章名稱變成「心得感想文」。可是我不得不說，這樣的想法已經完全形式化了。

我本來就不覺得所謂讀書心得感想文有什麼意義。

除了必須列出大綱的報告寫作，我對於人們將讀書心得感想寫成文字有什麼意義，我覺得很苦惱。將自己的感情轉化成文字，這是何等重大之事？我自己注意到，勉強要將之轉化成文字會失去許多東西。只要模模糊糊地感嘆著「啊～真是有趣啊……」並將之刻印在心底，這樣不就夠了嗎？

「書的價值」從何而生？

我認為，這也可以成為評論，或許許多人會反對吧。但我卻是這麼想的（本章中所寫的我都是這樣想的）。

若是論文等科學類的東西，或是因討論而有意義的論述考察是另當別論，但我不認為針對文學作品的討論有什麼意義。對我來說，我認為不需要評論。

若要評論，還不如使用評論的能力，進行嶄新的創作，這才是有生產性的。這麼一來，才有立場做出最正確的藝術評論。因此對小學生來說，與其要他們寫心得感想，不如直接讓他們寫小說還比較有意義。

這話題先擱一邊，在感想文中，是要找出自己覺得好的地方，並且寫出為什麼覺得好的理由。這給人感覺很高壓，簡直就像質問犯人為什麼要做這件事的動機。總讓人覺得有讓對方說出理由以進行反省的意圖，但或許許多犯罪者都不是因為有堅定的原因而行動。更多的還是煩悶的怒氣或憤怒吧。

人類就是會忍不住找起理由來。這是從「用語言思考」這樣的觀點所導出的結果。我自己是不用語言思考的，所以總覺得「理由」聽起來就是單純的一個名稱而已。

鳥為什麼會飛呢？因為有翅膀。這就是問答。以有翅膀作為理由而接受的人，就是囫圇吞棗地理解語言。為什麼有翅膀就能飛呢？進一步會回答，因為振翅搧動。其中負責動作的就是翅膀。有人則會放棄繼續追問，停在這裡。那麼，這就和「會飛所以是鳥」是一樣的了。

所謂的理由，只不過是名稱而已。就身邊的事物來說，要問為什麼騎腳踏車不會倒？回答是因為在行駛中。大部分大人會認為，這種程度的東西叫做「知識」或「道理」，所以很在意自己是否「知道」。

雖然會有各種感想，像是這部分很有趣、這場景令人感動、我好喜歡這個角色等，但那也不過是在覺得有趣後，勉強尋找，碰巧發現的標籤（名稱）罷了。但是人類相信這樣的自我分析，所以下次還會尋找相同的理由、相同的標籤。這樣就會成為「拘泥」。「拘泥」也是標籤。

覺得拉麵好吃。思考為什麼好吃呢？就想到了理由是因為有豚骨。既然這樣，也可以吃豚骨而不是拉麵吧？但豚骨就一定好吃嗎？所謂的理由，就數學上來說被稱為必要條件，是種集合，為了導出結果，這個條件是必要的。但是滿足這個條件，也未必會出現同樣的結果。

讀書的感動會受到書中各種因素的複雜影響，也會受到書本以外、讀者所處環境等的影響。這些是無法分開的。只是那個時候、那個環境、那個人剛好為此而感動的結果。極端點說，或許同一個人在多年後重讀同一部作品也不會受到感動。

讀的人變了，作品的價值當然也大有改變。對某人來說的傑作，對別的人來說可能是拙劣的作品。不論什麼作品都是這樣。也就是說，書的價值不是從書本原有的特性所產生。

真正有意義的輸出

輸入的事物，就算想直接輸入，但只要曾進入過大腦，就會在腦中完全被轉換成另一種東西。

所謂的心得感想文，是給他人看的行為。每個人的轉換都具有個性，如果認為這種轉換很重要，說極端點，可以說根本不需要針對特定的書。別說寫心得感想文，連書都不需要。對想不出要寫什麼的孩子來說，是否該指導他們，給予他們寫作的動機呢？

不，就算這樣，也會被認為是一種錯誤的指導。作文的目的，大多是在開始寫之前就有了，是不斷深思著要寫些什麼的思考。孩子寫不出來，是因為想不出來要寫什麼嗎？還是這也想寫那也想寫而迷惘呢？又或著是雖想寫，卻東想西想地不知道能否寫好？是否會被老師罵？然而這樣的時間才正是最重要的教育過程。

有時孩子會走出教室，到附近的公園等處寫生。這時候有些孩子會迷惘著不知道要畫些什麼而無從下筆。他們會一邊眺望風景，一邊想著要畫那裡？哪裡比較漂亮？哪裡比較好畫？東張西望地迷惘著。在這段時間中，正能學習到畫畫最重要的事。

寫文章的技法和使用素描、繪圖工具的方法都不能說是多高等的作業。現在這些都可以用電腦或ＡＩ簡單實現。問題是該著眼於何處的最初選擇、最初思考與最初發想。那是從自己記憶之中，又或是眼前風景中發現「有趣之事」。會這麼做的，就是人類。

因此，若要讓人寫心得感想文，我認為，應該給予他們較大範圍的選擇，像是可以寫到目前為止讀過的任何作品，或可以是書，可以是電影，也可以是連續劇，這樣的教育才是有意義的。限定探尋範圍，反而會變得很無趣。容易選擇，就指導上來說會是反效果。

網路部落格也是一樣，不要限定題目才有書寫動力。若決定要寫關於書的事，就只會想著那方面。固定形式的輸出是很輕鬆的，但這樣的輸出會誘發固定形式的輸入，所以會愈形封閉。這麼一來，才能將會枯萎。

當然這個狹窄的範圍、寬廣的範圍也只單純是語言的表現方式，不需要將之視為是實際的類型、媒體。就一般世俗眼光看來，就算是非常狹窄的範圍，只要深入探求，就能往其他方向（也就是垂直方向）擴展。只要自己能實際感受到那分廣度即可。

作者的企圖

我喜歡短篇小說。我偏好一本書中收錄有各種類型的短篇。這類書以國外的居多。日本小說家不太出短篇集。「為什麼呢？」我雖覺得不可思議，但當了作家後就知道了。總之就是因為讀者不買單，短篇集形式的書不賣。

若是系列作或是連載，可說是大受輸入方歡迎，因為會逐漸變得好懂。小說在一開頭時，讀者都不會知道是發生在什麼樣的背景下、有什麼人物出場。為了要讀取這些，讀者必須用腦，所以一開始會稍微有點麻煩。對輸出的作家來說也一定要說明背景與登場人物，所以這樣的手續也很麻煩。當然隨著閱讀下去就會知道了，但急性子的人受不了，或許會因為無法進入那世界而放棄閱讀。

若是系列作，會出現同一登場人物，單是這樣就能令人感到安心。因為有很多讀者已經融入了感情，寫起來也很輕鬆。像這樣「易讀」、「易寫」的作品，總之就有繼續下去的傾向。實際上也正是如此。

但是這樣好嗎？這一點是讀者與作者都應該要思考的。應該不少人會浮現出很人性慾望的想法吧，像是想讀讀看別的東西、非常想試著寫寫看其他東西。

一旦舊系列告一段落，開始新的系列，讀者會說：「無法像上一系列那樣融入其中」。這明顯是imprinting（銘印），是動物學習行為的一種。就像小鳥會把最初看見的視為母親一樣。

實際上若寫作系列作品，許多讀者都會在網路上發言：「一定要從第一冊作品開始讀起。」對作者來說會覺得從哪裡讀起都可以，是設想這種讀法而寫的。可是，若非得按照順序讀，就要標上號碼寫清楚。第一冊、第二冊……應該要這樣。可是讀者已經被銘印，認為自己讀的順序才是最好的，所以覺得，按照其他順序來看會搞不懂其有趣之處。

我在《空中殺手》（スカイ・クロラ）這部系列小說中，想解開關於這個順序的咒縛，所以從最後一冊開始出版。幾年後才從頭依序出完了四冊。等到書出齊以後，發現讀者還是會依照出版順序進行閱讀。真是頑固啊。最近，似乎在故事的時間順序終於有所擴展了。

話說回來，以《全部成為F》（すべてがFになる）開始的S＆M系列作也不是依書寫順序來出版。作為森博嗣處女作而廣為人知的《全部～》其實是第四部作品。所以沒有讀者是依照我所書寫的順序來閱讀的。

所有人都有這樣的主觀臆想，大致上都定型了。魔術師誇張地揮舞雙手，讓人把目光放在上頭，因為人在不知不覺中會跟隨本能，注目於移動的東西。若被什麼給騙了，下次就會關注那裡，結果反而造成其他部份疏於留意。

書是運輸想像的媒介

輸入方就像這樣，可以說是被輸出方所支配。換句話說，是容易被牽著鼻子走。被支配的確是很舒適的，因為只要交給自然，只要跟著就好，就這麼被導引著，只要相信就好，這也可以說是有著宗教意義的反應。與其這麼說，不如說是因為人類的這個特性，宗教才產生的。

我不是說不可以被支配。不過自覺到自己現今是被支配著的很重要。這既是安全，也是不迷失自我而能分辨原本價值的方法。

那麼關於輸入與輸出，我得先說明一個注意事項。

我在寫小說，這是輸出。但是要說是為了什麼輸出，其一是因為工作（因為能獲得版稅），還有另一個原因是有許多讀者在輸入我的作品。

在許多讀者的大腦中，輸入我的作品以後會描繪出某些形象。也就是說，那裡即是我輸出抵達的終點。因此我認為，讀者最後的輸入結果才是我的作品。

就像書只是單純的媒介一樣，書中所寫的文字，不過只是運輸最終想像的媒介。亦即，被寫下的文章不是作品的最終形式。例如，若沒有人讀，就等同於沒寫過。這就是語言與文章輸出的宿命。

輸出也像輸入，最後的終點是在個人的大腦。

第 5 章

讀書的未來

日本特殊的出版情事

就像我之前寫到過的，因電子書籍盛行，「書」「圖書」也持續在改變型態。

本來被稱為「書」的「紙本」或「印刷書籍（森博嗣語）」，因紙張的發明、印刷技術的發達，到了近年幾乎已經完全定型。變成這樣可以說才只有幾十年的時間，因此存在於世界上的時間並沒有那麼長。世界上大部分人，至今所處的環境也不是都能接觸到本來的「書」。或許，他們是因電子書才首度知道「書」。

日本只是剛好印刷書籍廣泛普及。之所以會這樣，首先有個條件是，有很多國民能閱讀文字。英文雖是說起來輕鬆的語言，但讀起來相對較難。因為字母只有二十六個，全都是用這些字母的排列組合來組成單字，只是看一下無法立刻讀懂。據說在英語圈，有很多人讀不懂字，有識字障礙比例的人很高。

日文不只有漢字，還有平假名與片假名。漢字是視覺性符號，遇到不會唸的時候可標注讀音。能用平假名標示讀法，這點是日文有利的一點，這可以說是與只有漢字的中文之間的差異。英文要實現同樣的事，就只能用發音記號。

韓文以前有段歷史是漢字很普及，可是現在的諺文（即韓文的表音字母）很接近於發音記號，可以立刻讀出來，但就辨識性而言還是比同時用漢字與平假名的日文差。

日本人可以說是比較喜歡閱讀文字的民族。很少日本人沒讀過書的。到目前為止連一本書都沒買過的人很是罕見。我在國外探詢了一下之後，發現這類人似乎還不少（最根本的問題不是語言，而是貧富差距的影響很大）。

多樣性的開本

普及的日本書特徵是有被稱為「文庫」的小本書。有非常多人不知道那被稱為「文庫」。其實我想，日本人應該有七成都不知道。

實際上我自己也不知道。若是「岩波文庫」一類的名稱還知道。但是我以為那是像年級書庫或是青空文庫*這類書籍的集合名稱。去到書店，在書架上

---

* 青空文庫，一種數位圖書館，蒐集日本國內著作權已屬於公領域的文學作品。

會寫有講談社文庫、新潮文庫。我是直到成為了作家才知道，原來那種尺寸的書就被稱為「文庫版」。

更令人驚訝的是還有被稱為「新書」的開本。我以小說家出道時就是那樣。那種書比文庫還稍微大一點，被稱為「平裝本」。商業書類有許多這類的，所以應該也有人知道。對了，本書（日文版）就是「新書開本」*。

話說回來，決定出道時，我讓編輯部看了自己平常在看的書，並說：「這種尺寸的書很好讀呢。」因為我希望自己的書也能出成那個尺寸的。

那時候我第一次知道，書有單行本，單行本中又有平裝或硬精裝的型態，其次則有較大的新書開本，最小的則是文庫本。而且令人驚訝的是，就我所知各（講談社的情況）編輯部都不同，不是由作者隨意決定的。我是還沒出道的新人當然也只能答應。

我對被稱做單行本，封面又大又硬的書有的印象是，小學生時的指定閱讀圖書、排列在圖書館的舊書，又或是無聊地給小孩子讀的書，所以敬而遠之。在文庫中有很多有趣的書。我以為全部的書都是一開始就做成文庫。

我想像著，若是知名作者，作品會被編纂為全集類，或是成為給小學生看的指定圖書而做成精裝版吧。亦即不是只給個人讀的書。我想，刻意做得很堅實，價格設定在一倍以上，也是因為這個原因吧。

就算去書店也不會看到這些單行本。我想應該也是像繪本一樣的吧。如果有很多粉絲，或許會買來做紀念，我也這樣想像著。現在不論是哪間書店，這樣的書都只展示在入口附近，既沒有人會拿起來站著讀，我也沒看到有人買。

文庫新作較少的原因

成為作家後，我才知道一般出書流程，是先出單行本（我是剛好出版平裝本的開本）。若是大獲好評（也就是在某種程度上能賣很多本），大致三年後就會出文庫版。編輯說這是「落入文庫」。所謂的「落入」聽起來像是文庫在下方，但也有「新寫下」的意思，也就是從作者到編輯再到讀者，如水流般以

＊新書開本，尺寸為 105×173mm 左右的小型書。

方向表示。

若從讀者方來看，一開始出的書很貴。而且書很大又厚重，要放哪裡很令人困擾，要拿著走也很不方便。可是對於粉絲來說，想早點拿到書早點看，只能買下這些高價書。而若是節省著減少買書量的人，就會等個三年，等到出成文庫。內容是一樣，所以買文庫比較划算。這幾乎是滲透於小說粉絲中的習慣。我快到四十歲時卻還不知道有這規則與習慣。

成為作家後雖與許多編輯聊過，但偶爾我還是會陳述我的意見：「一開始就應該出文庫的吧。」在部落格等幾個地方，我好幾次都這麼寫過。

可是身為作家，現行的機制比較有利。因為作家收到的費用（稱為版稅），固定（若是隸屬於經紀事務所等的寫手，事務所會抽成，所以實際上收到的費用會更低）是書的定價與印刷冊數相乘起來總額的約10％（剛寫好的新作約是12％）。同一作品若能出成單行本與文庫本兩者，收入就會相對增多。尤其是單行本的單價比較高，就算冊數少，版稅仍多。

當然，對出版社來說，一書多出在買賣上也是一項有利條件。與作家不同的點在於，若賣剩了，利益會減少（作家是依印刷冊數獲得版稅，所以和賣剩無關）。因此會很嚴謹分析某作家的某作品會有多少人購入等資料，印刷剛剛好的冊數。書之所以偶爾會從書店中消失，明明是新書卻買不到，就是因為這樣的估算錯誤（除此之外，物流的問題也很大）。

這在一般業界來說是不太可能的吧。通常都是會往對使用者有利益的方向去開發商品。論起原理，一開始就出文庫本，對讀者來說才是最令他們感到高興的。如果同一作品給多家出版社出成書，當然會有競爭，而且站在讀者立場的商品銷量比較好，所以應該要往這方向發展才是。

可是所謂的書，是被一間出版社所獨佔的作品。只要不是沒有著作權的往昔名著，多家出版社同時出版同一部作品可是很糟糕的。漫畫等作者是被出版社所獨攬的，但這種情況不太會出現至少包含小說家在內的作家身上。頂多是就完整的一本書與出版社簽約。

出版社間會相互爭奪受歡迎（暢銷）的作家。即便如此，我也不常聽到版稅有顯著提升的事。或許是以一些好聽話來引誘作家的吧，像是（對作家來說）利用硬精裝提高價格，或是抱著會賣剩的覺悟多印幾本，多支付些版稅給作家（這是我試著想像而寫的）。

書的尺寸之所以大致統一，是因為方便排放在書架上。當然也稍微有些大或小的，雖無法完全放整齊，但不會像外國書那樣凌亂不堪。

直書橫書的糾結

繼尺寸之後令我驚訝的是，小說只限於直書。文藝作品幾乎毫無例外都是直書。國外的翻譯作品也都是直書。這可以說實在是很驚人的統整。

小學課本中，直書的只有國語，其他科目都是橫書。我看的日本雜誌也很多都是橫書。一般工作中，文件全都是橫書。寫給文科省的申請書也是橫書。大致說來，日本政府機關的文件幾乎都是橫書。只有戶籍謄本一類的是直書。

日本的文章自古以來就是直書，有人說這是日本的文化，但我不禁疑惑，這是什麼時代的事情呢？現在大家都是用手機在閱讀文章，在電腦畫面上讀寫文章。

例如寫數字時，若現在還有人只寫國字的數字，那我也不是不懂他們會最大限度地主張要直書。的確，國字的數字適合直書。現在，在小說文中使用數字時，也多是國字數字（我也是用國字數字）。

然而西曆呢？會併用像二〇一七年這樣的國字數字和阿拉伯數字來書寫表示。這種寫法我在小學時就學過了。〇不是漢字。大家是否有看過寫成二千十七年的呢（我是沒有）？

我不是說要大家別用阿拉伯數字。我認為使用比較好。但若是直書，就難以使用。一個字還簡單，若像是12這樣有兩行的，就會讓人迷惑該朝向哪邊寫呢？畢竟若像2017這樣字數較多的，當然是橫著寫吧。有出現英文單字時也是橫著寫的。直書中寫入橫向文字時，大家都是側著頭倒過來看？還是把書轉九十度來看呢？

我曾把部落格的文章直接出成書（到目前為止出了二十八本）。這時候因文章本是橫書，出成書的時候也就是橫書的。至今沒聽讀者反應過：「橫書的很難讀」。我也有幾本散文是橫書的，可是幾乎大部分作品都還是直書，而小說無一例外都是直書。

但是，若是將書翻譯到國外去，就又會以該國的方式呈現。若是韓國會變成橫書，若是台灣則是直書。所以即使不在日本，也不全都是橫書。

直書或橫書都好，老實說，我是這樣想的。但我也認為，沒有侷限於直書的理由。雖然直書橫書在閱讀方向上是不一樣的，但不會成為什麼特別大的阻礙。

例如寫在書背上的書名就很適合日文的直書。英文書的書名會變成橫書，若書架上只放西洋外文書，就得側著頭找書（相對的，把書平放在桌上，橫書比較好讀）。

紙本書適合橫書

書本身具有上下比較長的邊界條件。為什麼上下比較長呢？因為在長邊裝訂比較能增加強度、容易翻動書頁等。總之，書頁就是上下比較長的。橫書的文件與信也是以上下長的形式來用紙。這麼一來，可以縮短每行字的長度，一行讀到最後要移到下一行前頭時，視線的移動距離可縮短，所以容易閱讀。也能減少像是跳行或讀到同一行的失誤。

因此上下長的頁面，也是適合文字橫書形式的一個環節。

日本以前的確是直書文化，那時候用的紙都是橫寬的，而書則不是，是捲軸。信件也是使用橫向較長的，會將之折疊起來。

寫文章時也一樣，會一邊逐漸展開捲起的紙一邊書寫。寫過的紙往右邊移。本來是使用毛筆直著將詩歌等寫在縱向長的木板上，所以是左手持木（或是捲紙），右手持筆。書寫時不是在桌上寫，因此使用毛筆時，拿筆的手不會摸到紙，紙是往下垂的狀態。這麼一來，就算直書的文字往左寫，手也不會擦到墨跡未乾的文字而弄髒。

我現在是用鉛筆寫文章，像小學生用鉛筆寫作文一樣。由於握鉛筆的手都會碰到桌上的紙，在這狀態下若用直書寫文章，手就會擦到已經寫好的文字。最近鉛筆的標準是B或B2，所以寫作文時右手下面變得黑黑的。用原子筆或是簽字筆來寫，也會擦到墨水。直書是適合左撇子的書寫形式，不適合右撇子。

另一方面，若是橫書就不會有手弄髒的情形，寫起文章來比較容易。孩子們長大成人後明明都不再寫直書的文章，為什麼要讓他們寫直書的作文呢？這點我覺得很不可思議。

當然現在不是用手寫字的時代，或許也可以把這想成是純屬於孩童時期的訓練。因為是訓練，所以才刻意施加嚴苛的條件吧。

我自長大成人以來，幾乎就沒了用手寫字的習慣。不得不寫的只有自己的名字與住址，而且這些還非得用直書不可，因為是結婚典禮與葬禮時的簽名紀錄（我的明信片以及信封上的地址姓名都是橫書）。

消失的雙欄排法

不過現在也不能這麼說了。之所以這麼說是因為這幾年手機普及。手機的螢幕是縱長的。單手拿的時候，螢幕是縱長的會比較自然。橫拿要雙手一起拿，感覺上只用手指拿著，若不是在平穩的地方會很不穩。

手機螢幕比書頁還要小很多，以橫書輸入，一行會顯得過短。這不是適合直書的環境吧。我是用Kindle讀電子書，那還是縱向長的螢幕。雖然稍微大了些，難以單手拿，但我也不會邊走邊看書，所以不會特別感覺有什麼不便。偶爾我也會用比iPad更大的螢幕閱讀，會變成跨頁閱讀，是用橫向放置的螢幕閱讀。但根據目前的狀況，電子書應該是沒有「跨頁閱讀」這概念的。

我在講談社出道時的小說是雙欄排版。這是縱長頁面分成上下兩欄，可排入更多文字的一個技巧，這樣排一行字變得很短，容易閱讀。也就是說，就算頁面是上下縱長，排入文章的區域會將頁面分成兩半，這麼一來，跨頁的時候可分成四個區塊。

讀書人似乎很喜歡這樣的雙欄排法，好像塞滿文字，覺得很開心。

但雙欄排法對我來說，一將視線移開書本，就會立刻找不到讀到哪裡。要去尋找讀到哪裡很辛苦，而且比起正在閱讀的文章，還會瞥到挺後面的內容，而會擔心被劇透。

可是我的書不是只給我自己讀，所以還是能接受雙欄排法。最初的幾年都是這樣排法。但是漸漸地讀者方有了變化，對雙欄排法敬而遠之的世代登場了。因此從新系列作開始，不再採用雙欄排法。

這個世代單只是看到塞滿的文字就不想讀，這麼說一點也不為過。書也是偏好薄一點的。當初我出道時流行很厚的書，編輯部很開心的說：「厚的書能賣喔！」我很錯愕，原來大家都這麼喜歡書啊！

「容易閱讀」的陷阱

但厚書好賣的情況在不到十年間就改變了。讀者更喜歡「容易讀」的書，這樣的趨勢增加。輕小說的流行也是一個原因吧。

「這本書很容易讀」似乎成了讚揚之詞。繼「有趣」之後所追求的就是「容易讀」。具體來說，可以舉出的要素有對話很多、插畫很多、情境描寫不冗長乏味、情節進展很快等。

這個時代似乎喜歡「容易」。「容易吃」也成了讚揚。我甚至覺得，我所感受到的或許是不同的意思。例如「有生存價值」這句話的意思近於「生存的難度」。現今的年輕人反而想的是「生存的簡易度」。

容易閱讀的書比較能賣，所以我（就商業上來說）也寫了這些作品，可是自己讀的書卻不追求容易讀，反而覺得不好讀的書、有閱讀價值的書有較高機率是比較有趣的。雖然稍微有點癖性的作家文章不容易讀，但讀了之後很有味道，讀了那些作品後讓我覺得很有趣。

與「容易讀」幾乎一樣，「一下就能讀進」的評價也很多。這所表現的或是很容易移情入其中、或是故事本身和自己生活相近、或是主角的思考與自己近似，總之就是毫無抵抗地進入了腦中。「容易讀」之中也包含有文章技法的部分，但「一下就能讀進」則似乎是再多了點在內容上的無抗拒感。

不論是哪種，若總是讀這些毫無抗拒感的東西，將會令人擔心難以收獲到與自己不一樣的觀點、與喜好不同的東西。簡直就像是淨吃些流質食物一樣，還不知道真正的美味就吃完了。

之所以會出現這樣的指向，還是因為社會被謳歌一切都要「簡單」的商品開發給吞沒了吧。機械類的操作簡單化或許還算不錯，這被稱為「對人類很親切」，我不禁苦笑不已。我認為，本來機械的首要目的，就是對人類在使用上要很親切，那就是機械存在的理由，為什麼現在才要這麼強調？若是工學院的人，會覺得那是常識吧。

在這之中，題庫或參考書等也會謳歌「簡單便利」，看一下商業書類，也會有強調類似「只要這樣～」或是「～的七個辦法」這種簡易性。簡直是不容易、簡單，就不會拿起來看，根本是被小瞧了，大家不會有這樣的感覺嗎？

日本電子書較晚普及的原因

我稍微岔開話題了，所以再把它拉回來，寫一下關於書籍的型態。之前已經寫過了關於書籍的開本、內容版面、文章易讀性等相關事項。到了這裡，要寫的當然是關於電子書囉。

電子書早在二十年前就有了。我出道時已經有小說是在網路發布流傳，又或者是在網路連載。所有人應該都在思考書本將來會往哪個方向發展吧。

但是卻一直沒有開展。

首先有版式的問題。若將原書直接發布電子版本，很簡單就會被複製。保護機制該怎麼做呢？還有該怎麼販賣呢？

針對這問題，出版社完全沒去想。不，應該有人有想，只是沒有拿出行動。會在網路上做這樣發布流傳的反而都是個人作家，就算組成一個團體，也是只有幾個人的單位。

對出版社來說這部分是不擅長的領域。文組是集合愛書人的組織，當時對電腦並沒有多加運用。我是一九九六年出道的，當時能用電子郵件聯絡的編輯僅限少數，一般都是手寫信或傳真，緊急時就用電話。

網路在數年間便擴展開來。到了現在的世紀，幾乎所有人都會存取登錄，Amazon等網路書店也出現了。也就是說，即便網路已經普及，還是以宅配運送紙本書的販賣機制為先。這件事本身是我難以理解的，或許所謂社會是很遲緩而難以改變的，我只能這麼想。

電子書的發布流傳早已在各地開枝散葉，但要使用什麼終端裝置？又或者是要在什麼軟體上閱讀？這一點並未統一。使用電腦是很簡單，但電腦有攜帶性的問題，也比不上紙本書的便利性。所以開始出現非常輕的終端裝置，雖解決了攜帶問題，但要等到價格降低還需要一些時間。不知不覺中就會被拿來跟文庫本的便宜價格做比較。日本書就全世界來看都太便宜了。

出版業界雖然消極，但與「自炊」的流行亦有關。「自炊」是一種俗稱，指的是利用掃描器一頁頁掃描，將自己的書籍電子化的行為，但這是侵害著作權的行為，也就是說將電子化的資料發送給他人是一大問題，所以一般人不會這麼做，只會為了自己而做，就這意義來說即稱為「自炊」。然而，掃描一定要將裝訂好的書拆開，若是提供自己用，幾乎是沒有益處的。最近開始正式販售電子書，自炊的形跡就薄了些。

書的「中間業者」消失

有些人主張「書還是必須要讀紙本」。這樣的主張有的是讀者，當然也有作家。書不是單純的媒介，書本身有其魅力。這些人的主張是，沒有書本的生活就是喪失文化。

辦公式的無紙化也一樣，完全都沒進展。有些人說，人就是喜歡紙啊。該怎麼說呢？有這些人在的地方，或許就是這樣吧。

未來的發展並非一無所知。從前也經歷過唱片的變化，還有底片相機。這些事物是從類比模式轉換到數據，所以的確會喪失一部份資訊。因此前面會出現解析度、解像能力等數字。即便如此，數據化的好處卻是難以計數的。唱片和底片幾乎從世上消失是不爭的事實。因為很多人都選擇了數據化的輕鬆簡單。

書本來就是數據。文章、文字都是數據，雖長時間以紙本的形式存續著，但這種情形反而是一大奇蹟。

電子書籍的普及之所以遲滯，是因為出版社是屬於一種比較小的企業模式。當然書店也很小。經銷商雖很大，但業界並沒有統整。各出版社想要將書轉成數據化是一大重擔。因此，最後會有出版社以外的行業加入，不需太久的時間，就會相互搶奪市佔率。這就是現狀。

電子書怎麼說都只是普通的「書」。這是未來的圖像。雖不知道到書本完全電子化的程度需要花多久時間，但這絕非遙遠未來的事。

我的書最近都是同時發行紙本書與電子書，價格都相同，但電子書需要額外費心製作，中間進入的相關流通業情況也各有不同。但是相較之下，由於讀者接收到的內容是一樣的，紙本與電子價格相同，應比較妥當。

紙本與電子沒有一定說哪一種比較好。讀者各有所好。但是出版業界應該要提供兩者都可以利用的環境。因人而異，各有好惡，利用方式也不同。有些讀者還是希望能繼續看到紙本書排放在書架上，同時有些人是希望今後都是電子書，既方便檢索，也容易管理，所以暫時兩者都各有所需。

作為將來的方向性，我想紙本書遲早會成為客訂書。也就是說，讀者有購買紙本需求時，再印製交付即可。這麼一來就不需要庫存，也不會有浪費商品的情形。

最重要的是，書店這行業也可以親自營銷這樣的印刷方式。這麼一來，現在的流通型態即可直接轉用在電子書方面。但是會有一個問題，亦即不同版本的裝訂該怎麼處理？例如出版社只製作硬精裝的客訂書，而文庫本或新書就在書店印製（與裝訂）。這只是我個人的想法而已，或許不會朝那麼簡單的方向發展，因為牽涉到不同單位的權利。最重要的是，出版社與書店早在二十年前就應該要建構這機制，現在才來做已經太遲了。

我自己是不太關心這方面的事。不過還是想說一句話，若還繼續慢吞吞的，作者與讀者間會產生直接連結，而且會出現推波助瀾的第三者。出版社、經銷商、書店還有於其中從事設計的行業，這些作為中間行業的，都有很高可能性被跳過。就好像，從前沒有漢字、用平假名書寫的文章，以及鉛字職人，如今都成為無用之物，這種情形是一樣的。

書的未來圖像

作家本身會作為一種工作而被保留。這不僅限於小說家，各種領域的寫手應該也會增加。之所以這麼說，是因為這職業很適合人類而被保留。

例如小說家是一個人製作作品，是非常稀有的業種。不論是電影、音樂、動畫還是連續劇，都必須要許多人參與其中，雖有導演等代表人物，但並不是只靠單一導演的能力就能製作產品。在這點上，小說是只有一個人的創作。這是非常特殊的一點。

一旦對作品產生感動，很多讀者會對作家個人產生興趣，憧憬於個人的才華。即便因為動畫而喜歡繪畫，那些圖也不是導演畫的。但小說全都是從一個人的腦中誕生。畢竟人還是對人最感興趣，憧憬、期望被人所領導。

因此即便AI能書寫作品，讀者也不知道該如何面對。或許會以興趣為主去閱讀，至於是否為令人憧憬的好作品？也不過爾爾罷了。AI打敗將棋或圍棋名人，仍不會成為人們憧憬的對象，從這個現象就能證明。

在這層意義上，我預想，寫文章的職業將來仍是不滅的，或許可以說是比其他所有職業都更適合人類。或許就算ＡＩ能寫出作品，也要隱蔽這項事實，假裝是人類作者吧。

最重要的是，讓ＡＩ閱讀書籍，摘要內容並告訴讀者，這種ＡＩ助理功能不久應該就能實現。若讀者向ＡＩ提出疑問，應該也能得到答案。這麼一來就能閱讀困難的書籍並縮短閱讀時間。ＡＩ也能從全世界幫讀者尋找個人覺得有趣的書（雖然在此稍微感覺到多少有危險性）。

我們無法預想作家與讀者被彼此相關的程度，是會成為附隨於書的東西呢？還是會像智慧型手機一樣，成為附隨於人的裝置呢？或許是後者，若是前者，作家就能參與僅限於新作的作品。也就是說，作家的型態會變成附隨於書，讀者閱讀新作品內容後，可直接向作家提問。

牛頓以及愛因斯坦不久之後就會像基督那樣能復活了吧。我想像著，所謂書的未來圖像，是否就是作者本身會與讀者更貼近？

娛樂產業的極限

關於書的未來，我寫得多少有點像是科幻小說。接下來我想寫關於近期的未來，討論的不只是書，我更想思考一下關於出版這門生意。本書的主題是「讀書」，因此或許多少有點脫離主題，但現在的讀書可以說是在消費出版業界的商品，許多讀者應該都會擔心，自己的休閒娛樂未來會變成什麼樣子。

日本的出版業界目前是空前的不景氣。出版社幾乎都崩潰，書店也大為減少。與我出道時相比，書的總銷售量少了一半。年輕時常去的書店，現在幾乎都不在了。

幸好，由於印刷技術的發展以及數位機器導入的合理化，製作一本書的費工變少了。因著企業這樣的努力，才能堅持到現在。

書是不景氣耐受性很強的商品。景氣一旦變差，娛樂產業首當其衝會蕭條，但書相對便宜，所以還要花上一些時間。如果哪兒都不去、省錢度過假日的選擇，書是最理想的。

但是網路出現了，不少人都以此作為消遣。雜誌賣不出去，漫畫也到了極限。話說回來，由於年輕人的數量和總人口數量不斷在減少，所以銷售量不可能成長。但是在冊數無法增加的同時，取而代之的是往製作更多種類以確保銷量的方向邁進，這對生產而言，可以說是很合理化而且能做到的。

當然，不是只有書減少了，音樂也難以出現大獲成功之作。CD完全不賣，電影也是，電視相關產業更是陷入苦戰。看的人或是分散，或是許多人並不會集中在一件事上。明星或偶像已經不像從前那樣受到全國注目。要說都是負成長也不為過。

以音樂界或藝能界來說，有經濟人事務所這樣的組織進行管理。因此若是每個音樂人或藝人都無法工作，事務所將會陷入危機。例如CD賣不出去，就要改以演唱會的商業模式，打出不同的對策。而且還要想到，演唱會聚集的人數雖少，但單價比較高，甚至除了CD或演出費，也要努力研發更多更好的周邊商品，總之要改變商業模式，變成能從一個粉絲身上獲取更高額的收益。

作家與編輯的關係

但是出版社不會約束管理作家。此前，幾乎完全不會有這類行為。只有漫畫家會被收編在出版社裡，換言之就是編輯部會成為經紀事務所，編輯進行類似經紀人的活動，但並沒有對作家做同樣的事（似乎只會觀察）。

一般來說，編輯部不會干涉作家的作品內容。這點和漫畫作品的情況有很大不同。編輯部對漫畫會進行製作人員的工作，可以說是智囊團，會提出點子，或是決定主題的方向性。在命名階段（草稿設定階段），也會提出指示，要求變更故事情節等。但這種事不會發生在小說家身上（據我所聽到的，有部分輕小說似乎發生過類似情形，體制可以說和漫畫一樣）。

小說家，關於作品的一切判斷都由作家個人負責。只要寫出想寫的東西即可。我以小說家出道時，責任編輯跟我說：「沒有任何限制，請自由寫作」（唯一的例外是，他跟我說提到伊斯蘭部分要慎重）。這是日本憲法中所規定「表達自由」的權利，要說是理所應當，也是理所應當，但作為商業來考量時，漫畫應該可以說是商品開發的共同體，而小說頂多像是個人企業。

除了不干涉作品內容，我認為，出版社今後是否應該更積極從事能支援作家寫作的活動呢？多數一定比個人來得有利。不過就養這麼多人，能有多少生產性來說，小說還是頗令人擔心的。漫畫之所以會成為團體戰，因為爆紅後會有龐大利益。

不僅限於小說，許多作品基本上都是由一個人獨力進行寫作。雖然罕見地有共同著作的書，但很多時候都是不同執筆者分別寫不同部分。以小說而言，這似乎稱為選集，但我也是直到最近才知道這個詞。因為我以前從沒聽過。

名人著作增加的原因

出版這門生意今後應該很難中大獎了吧，不過即使是小有名氣，賺錢的效益還是不錯的。

問題是，一般的無名新人即便寫出了有趣的作品，必須經過一段時間才會獲評為有趣（有時評價不見得會傳播蔓延）。由於讀書的人口少，作品的種類也不怎麼多，容易埋沒。因為閱讀人口本就少，要達到有效宣傳是很難的。

因此書籍的出版作者，大多是早在寫作前就已經是名人。名人是因為在不同領域有所成就而成為名人，但有時在本業收入縮減的情況下。若名字還稍微能賣，會有立刻出書情況。

文章人人能寫。日文對說日語的人而言是非常容易書寫的語言（既有文字處理器也有智慧型手機）。如果無法寫，也可以找代筆人。大致說來，都是本人接受訪問，從談話中組織編寫故事。當然這部分會有合約規定要怎麼分配版稅。與全都是作者自己寫的情況相比，抽成比例當然會下降。

此外，像這樣的名人會隸屬於某個事務所或經紀公司，而這些人之所以「出名」，都是拜這些經紀公司之賜，所以賣書利潤還有很高比例必須要歸入經紀公司的收益。我常聽說，即便不是作者本人全部實際執筆的書，事務所也會抽取一半以上的利益（或許使用藝名也是事務所的權利吧）。因為他們本來就締結有這樣的契約。

另一方面，名人的書會在電視或媒體上曝光，事務所也會宣傳，所以銷售數量當然會增加。這類商業的特徵就在於，幾乎都只出一本書就沒了，或是即便再出也僅止於續作。簡直就像是偶像寫真集的狀況。

運動界也一樣，運動選手一旦成名，會立刻出版書籍。趁新鮮時在書店中上架，才能一口氣賣出去。這時候選手大概會接受媒體訪問（就算沒有，也會有報導）。書中有許多照片，這顯示出，雖然這時代在網路上可以看見許多影片，但還是有不少人想要有本書在手上。

這種書明顯是紀念「商品」。即便要好幾千塊，仍比其他商品讓人覺得划算。可以想像，這類型作品即便變成電子書也不會有人理睬，因為商品必須是「實物」。

可以觀察到，這種出版界的行銷方式似乎正在逐漸萎縮。購買高價書的人，是手頭比較寬裕的世代，不是年輕人，因為年輕人都能在網路上獲得免費的內容。

自費出版的幻想

這或許是前一陣子的事，流行一種自費出版的商業模式。

這是出版社協助一般個人，製作個人的書，並陳列在書店中。許多都是為因應高齡人士的需求——想編著一本個人史。對高齡世代來說，「書」是現今最有價值的，因此在書店中陳列自己的著作，像是一種「夢想」。

很多人都覺得，寫部落格不就夠了？沒錯，正是如此。現在很多老年人應該都開設有部落格，不過他們仍有無論如何都想出「書」的更上一層需求。因為是自費出版，所以是自己出錢，不是出版社抱著會有赤字的覺悟而出書。這個商業模式絕對會有利益，如果作者不拿出那麼多資金就無法實現出書的願望。

自費出版的書雖然也會陳列在書店，但並不是全國的書店都有鋪貨。除了資金問題，無法印刷那麼多本，而且陳列在店頭時，有誰會買呢？應該不會有多少人拿起來看。就算有，大概也是對自費出版感興趣、想要自費出版的人，因為這是少有能了解自費出版情況的機會。

最初想到這個商機的人，或許暫時能獲利，但是我不認為後續還能有所發展。因為老人雖不斷增加，但人們對於「書」的憧憬卻在逐年減少。

還有很多人想成為作家出道，以正面攻擊法來挑戰出版界，而非自費出版。在這方面，年長者也正在增加。不過以作家為志願的人，似乎本來就是以年輕人居多。這一點我也是在當了作家後才知道。

之所以會這樣，首先最重要的是寫文章這件事很簡單，誰都做得到。就算沒經驗、不投入資金、沒學過也能立刻寫出來。

就算是森博嗣我本人也是如此。我既沒有在「小說學校」學習寫作技術，也不是讀過很多小說的讀書人。反而非常不擅長文字，工作是理科，與文藝相距甚遠。可是我連一篇都沒練習，最初試著寫作時，一個星期就完成了。把作品送到出版社後，就決定要以作家身分出道。

聽到這件事，若有人覺得自己很擅長文字，書也讀得很多，所以條件應該比森博嗣我好，可一點也不奇怪，而且他們也知道若中獎就會是大獎，所以會試著賭一把。讓「自己應該也能成為作家」這個夢想大為膨脹。

從讀者角度思考出版業

但是希望大家可以稍微冷靜下來思考，很多人都很擅長文字，也讀過很多書。例如出版社的員工，無一例外都是這類型。

那出版社為什麼還要招募小說新人？只要讓自己公司的社員寫小說不就好了嗎？若是這麼好賺的事，為什麼編輯不自己寫小說呢？

我不知道是不是有所謂的「才華」。至少託這個詞的福，可以想著「自己沒才華」而放棄。

有人觀察並評價我，像是森博嗣不擅長文字，也沒讀太多小說（尤其幾乎不讀日本國內作品），就是有利條件。所以我認為，擅長文字或是讀了很多小說是不利的條件。對於具有這些能力的人來說，或許是不適合的。

擁有某些特殊能力的人或許是適合的吧。若是這樣，只要抱持自己某個能力是日本第一，應該就能出書。雖然不知道能不能賣，但單靠這一點就能說服出版社，至少出版一本書。

因此出版這門生意，今後應該會不斷開倒車吧。不要拘限於「書」，也不受困於「文字」，大量複製發送的商業模式，也需要從根本上做修正。

其實這樣的岔路早在二十年前就出現，所以現在才開始考慮已經完全晚了，但話雖如此，若就這樣拖拖拉拉地前進，出版只有消失一途。

重要的是，找到新東西並去做嘗試。或許不會一發中的，但出版界「中大獎」的現象已經是過去式，我們只能切換成更穩健的形式，同時摸索並建構能夠永續經營的模式。若能製作出別人沒有的東西，可以暫時得到倚靠。

而出版社本身也不要怠惰於努力生產內容。不只是尋找外部的有能者，還要主動創作，我希望大家能夠抱著這樣的心態。雖然看起來這是對輸入的讀者部分，亦即對目前出版社來說是項困難的課題，但我認為，只有這個變革是能讓出版界重生的方法。

從前的出版社，就某種意義上來說，是站在讀者角度來思考的集合體。我建議，是否從現在開始脫胎換骨，變成站在作者角度？

後記

二〇一六年，我接受了完全沒來往過的出版社委託寫作。題目是「讀書論」，對方說「希望能寫出像格局一類的東西，以及讀書的自由、快樂，而非技巧類的東西。」

站在小說家立場來寫作，過去我曾出過兩本書，名為《小說家這職業》（小説家という職業，集英社新書）與《作家的收支》（作家の収支，幻冬舍新書）。在這兩本書中，我談到了我的讀書體驗。此外在散文中，我也經常會提到我的觀察結果，像是某個時期讀者的傾向。即便如此，我認為，將「讀書」這件事寫成一本書還是很有意義的，所以就接受了。

從接受這工作到成書花了兩年時間，之所以會這樣，只是因為我已經早事先排好預定的行程，我遵循著自己的預定計畫表，在本書發行近一年前才動手寫作。

起初收到委託的一年內，我並沒有特別去做什麼準備，只是在大腦某處有著些許「我接下來要寫有關讀書的事」這種壓力，平常生活中，偶爾會忽然想起，覺得「這個似乎派得上用場」而收集題材，所以當然是需要一些時間的。實際上寫作的時間雖約只花了一個星期，但只是像印表機列印資料一般的勞動。

現在的我真的很享受讀書。我過去從未如此喜歡、親近書本。我每天平均會花兩小時以上讀書，不過不是固定的兩小時，而是類似於每次十五分鐘，一共八次這樣。而且我不是只讀一本。讀到一半的書經常有五、六本，因為隨意放置在四處，所以會在不同位置一點一滴地讀。當然，老花眼鏡也和書放在一起（可參照前文）。

另一方面，關於作家的工作，我一天平均做不到一小時。最多的時候有一小時半，但好幾天都完全不做的情況也很常發生。在這段工作時間中，有一半時間花在確認校樣，亦即是閱讀自己的文章。校正排版樣稿一點都不有趣，我做得很不情不願。心中糾結地想著，為什麼非得讀自己的文章不可呢？答案是，因為是工作。因為是工作，所以無可奈何必需要讀。與之相比，讀別人寫的書很有趣。明明得不到分文，我卻會去讀。「都寫了些什麼呢？」我會很興奮地翻頁展讀，這點很奇妙。

在前文中我曾寫過，我認為，這世上沒有無趣的書，每本閱讀的書都各有各的趣味，有趣程度不同。這是因為人有各形各色。不論哪種人，都一定有有趣之處，有與人不同之處，活著時會各自有不同的相遇、學習、思考。書本可以做到這些，所以一定不會無趣。

我不會推薦人們讀特定的書。連我自己寫的書也從不曾向人們推薦（或者應該說，正因為是自己寫的才不想推薦）。此外，反過來說，我也不喜歡被人推薦書。若有人介紹我某本書，我有九十五％以上的機率不會讀。書是要自己選、自己去取得的，我在這方面的意識很是強烈。

因此，我不會去閱讀、接近任何書的宣傳品，或是刊載在報章雜誌上的書評。如果讀了，我會牢牢記住，絕不去取得那本書。我就是這麼厭惡這種情形。

當然因為這樣不圓滑，所以我都儘量不說，不過還是有很多讀者會親切告知我：「在報紙上刊載有書籍的宣傳」「某某介紹了某本書喔」……。

我在大學工作時，已經很少人會跟我說「我讀了老師的小說。」但我還是一點都不高興。若是路上遇見不認識的人跟我說：「您是森博嗣先生吧？我是您的粉絲。」我真的會很困擾。我很不擅長應對這樣的情況，可是對方似乎都認為這樣我會很開心，所以我想，若是背叛了對方的期待會顯得太不成熟，於是仍回答：「是。」但老實說，我的表情應該是皺著眉的吧。

我不是為了出名才寫小說的。我討厭「有名」。這點可以斷言，我不想出名，可是卻出名了，所以我反省，寫小說是不是錯了？至少應該要成為匿名作家的（我對要做到這地步是不會覺得討厭的）。

因此我誰都不見，與出版社間的聯絡幾乎都只用e-mail。我也不會出現在讀者面前，不簽名，也拒絕受訪，好幾十年都沒刊登照片。我滿心希望大家都別理我。還請大家能理解。

現在我窩居在遠離人群之處，安靜地住在蓊鬱森林中。我幾乎不出門，已經有好幾年沒搭過電車與公車。我也不用LINE和Twitter。雖有寫部落格，但與其說這是為答謝此前所受到的照顧，不如說是粉絲服務。我的部落格拒絕留言回響，就算收到來信也完全不回信。

我的人生所剩無幾，已是在消損時間了。只要這麼一想，就會覺得應該致力於輸出此前塞滿腦中的東西，這才是在報答讓自己生存的社會。雖然這個道理我很明白，但不知為何我卻減少輸出，至今仍持續輸入，而且比例持續增加中。箇中原因我實在搞不懂。

總之，這個世界淨是一堆搞不懂的事。

二〇一七年六月　森博嗣

國家圖書館出版品預行編目(CIP)資料

讀書的價值 / 森博嗣著；楊鈺儀譯. -- 初版.
-- 新北市：世潮, 2019.07
面；公分. --（暢銷精選；75）
ISBN 978-986-259-061-4(平裝)
1.讀書法 2.閱讀指導

019.1 108007219

暢銷精選
75

讀書的價值

作　者　森博嗣 MORI Hiroshi
譯　者　楊鈺儀
主　編　陳文君
責任編輯　李芸
封面設計　林芷伊
出 版 者　世潮出版有限公司
地　址　（231）新北市新店區民生路19號5樓
電　話　（02）2218-3277
傳　真　（02）2218-3239（訂書專線）（02）2218-7539
劃撥帳號　17528093
戶　名　世潮出版有限公司
世茂網站　www.coolbooks.com.tw
排版製版　辰皓國際出版製作有限公司
印　刷　祥新印刷股份有限公司
初版一刷　2019年7月

I S B N　978-986-259-061-4
定　價　320元